大数据时代的
高校英语教学转型新模式研究

胡英歌 ◎ 著

吉林出版集团股份有限公司

图书在版编目（CIP）数据

大数据时代的高校英语教学转型新模式研究 / 胡英歌著. — 长春：吉林出版集团股份有限公司，2022.4
ISBN 978-7-5731-1414-3

Ⅰ.①大… Ⅱ.①胡… Ⅲ.①英语－教学研究－高等学校 Ⅳ.①H319.3

中国版本图书馆CIP数据核字（2022）第055212号

大数据时代的高校英语教学转型新模式研究

著　　者	胡英歌
责任编辑	滕　林
封面设计	林　吉
开　　本	787mm×1092mm　　1/16
字　　数	210千
印　　张	9.75
版　　次	2022年4月第1版
印　　次	2022年4月第1次印刷
出版发行	吉林出版集团股份有限公司
电　　话	总编办：010-63109269
	发行部：010-63109269
印　　刷	北京宝莲鸿图科技有限公司

ISBN 978-7-5731-1414-3　　　　　　　　　　定价：65.00元

版权所有　侵权必究

前　言

随着信息全球化的发展，当下信息的交流、处理以及对信息的分析和共享已经进入大数据时代。大数据时代下，人们对数据的处理能力也极大地提高了，这对于教育行业来讲也具有极为重要的意义。翻转课堂、慕课以及微课等新的教育模式给高校英语教学带了新的模式，同时也给高校的教育教学改革带来了新的契机。本书在分析了大数据的特征之后，对其在高校英语教学模式的创新进行了探析。

大数据时代的到来不仅改变了人们的生活方式，同时对于各行各业来说，都面临着一次巨大的机遇与挑战。从教育角度来讲，大数据时代条件下便利的信息获取渠道为教育改革带来了机遇，尤其是大数据带来的技术进步对于教育模式革新意义重大，但是，如何对大数据条件进行应用进而促进教育发展仍然需要学者的深入研究。高校英语教学作为高校教学的重点内容，也在大数据时代下开始了突破传统的革新活动。

基于此要求教师及时更新充足自我知识结构，从而确实提高自我处理信息、大数据技术的能力，而这就要求教师能够形成终身学习的意识且坚持付诸行动，在顺应大数据发展的同时形成事半功倍的教学效果。最后是科研能力。能否合理地利用大数据有机结合教学与研究，是否具有较高水平的科研能力很大程度上决定着教师的教学成绩。比如，基于批改网进行训练活动，开展译写教学时，除了给予学生针对性的点评之外，应学会反思并以学生作品为实例（比如，错误点、精彩点）等，研究并申报与改革教学有关的课题，从而实现教研相长、共同提高的目的。

综上所述，大数据时代的到来为高校教育水平的提高带来了机遇，这就要求各个学科的教师都能够顺应大数据时代的变化及时更新教学理念，并在日常的教学工作中将大数据进行不断的实践，为促进国内素质教育改革与教学模式的不断完善做出贡献。

目 录

第一章 大学英语教学概述 1
第一节 大学英语教学与素质教育 1
第二节 基于需求分析的大学英语教学研究 5
第三节 生态视域下的大学英语教学 8
第四节 对分课堂与大学英语教学 12
第五节 慕课时代对大学英语教学的影响 16
第六节 微课与大学英语教学 18
第七节 后方法视域下的大学英语教学 22
第八节 大学英语教学课外延伸的实证 27
第九节 大学英语教学中的翻转课堂 29
第十节 反思大学英语教学价值取向 33

第二章 大学英语教学方法 39
第一节 大学英语教学方法创新 39
第二节 隐喻识别与大学英语教学方法 42
第三节 基于提升课堂学习效率的大学英语教学方法 45
第四节 大学英语教学方法中的情境英语教学法 48
第五节 构式语法与大学英语教学方法创新 51
第六节 "互联网+"背景下的大学英语教学方法 55
第七节 在创新创业背景下浅谈大学英语的教学方法 57

第三章 高校英语学科教学模式 60
第一节 高校英语教学模式概述 60

第二节　结构和认知取向的英语教学模式……………………64

　　第三节　功能取向的英语教学模式……………………………68

　　第四节　任务取向的英语教学模式……………………………71

第四章　大数据时代高校英语教学的理论研究…………………77

　　第一节　大数据时代下高校英语教学改革……………………77

　　第二节　大数据高校英语翻转课堂教学模式…………………80

　　第三节　大数据高校英语空间教学行为优化…………………84

　　第四节　大数据对高校英语教育教学的影响…………………93

　　第五节　大数据时代高校英语数字化教学的转型……………96

　　第六节　大数据背景下英语教学的微传播……………………100

第五章　大数据时代高校英语教学转型新模式…………………104

　　第一节　大数据时代高校英语听力教学………………………104

　　第二节　大数据时代高校商务英语写作教学…………………107

　　第三节　大数据时代下的英语翻译教学………………………109

　　第四节　大数据时代高校英语报刊阅读教学…………………113

　　第五节　大数据背景下高校网络资源库的建设………………119

　　第六节　大数据时代下的高校英语翻转课堂教学……………122

第六章　大数据时代高校英语教师发展研究……………………128

　　第一节　大数据时代高校英语教师跨越式发展………………128

　　第二节　教育大数据下高校英语教师的角色定位……………132

　　第三节　大数据时代高校青年英语教师的自我效能感………138

　　第四节　大数据时代大学英语教师的自主发展………………142

　　第五节　新媒体时代高校英语教师的队伍建设………………146

参考文献……………………………………………………………149

第一章 大学英语教学概述

第一节 大学英语教学与素质教育

本节简要分析大学英语教学与素质教育之间的关系。大学英语教学是实施素质教育的一个重要组成部分，大学英语教学必须立足于"以人为本"，以培养人的素质为教育出发点。要从真正意义上改革大学英语教学，就必须将大学英语教学上升到大学英语教育的高度。大学英语教学和素质教育之间的关系是由其在素质教育中所起的作用决定的。大学英语教学的任务不只是培养学习者的语言技能，它的教育功能还应当体现在对学生的认知能力、文化素养、主体意识和情感等方面的培养上。本节就大学英语教学和素质教育之间的关系进行探讨。

当前大学英语教学有一种倾向，即在引进现代外语教学理论和方法的同时，将传统的教学理论和方法批驳得体无完肤，欲把大学英语教学当作纯粹的语言技能训练课。诚然，把语言技能的培养作为大学英语教学的具体目标无可厚非，其合理性不容置疑。但是，同样不应受到质疑的是作为教育的一个组成部分，大学英语教学和教育的其他分支学科一样，也具有教育功能。长期以来，在人们的教学观念和教学实践中，大学英语教学与教育及其各个分支学科的关系并未得到应有的重视，导致大学英语教学常常游离于教育研究。我们总是能够对大学英语教学津津乐道，却很少会触及乃至思考大学英语教育。大学英语教学经过几十年的努力，成绩斐然，但其教学效果总难以令人满意。其中一个重要原因恐怕还是大学英语教学脱离了教育整体，未能"以人为本"，立足于培养人的素质这一教育出发点。21世纪，社会对于人才素质的高要求迫使我们深入思考、转变观念、实施改革。《大学英语教学大纲》从素质教育的角度出发，提出"大学英语教学是实施素质教育的一个组成部分"[①]。这就是说，大学英语教学不只是教和学的一门外语，还肩负着培养人的重任，从而将其提高到了大学英语教育这一高度。这一点对于大学英语教学实践无疑具有十分重要的指导意义，其重要性因大学英语教学的广泛性而愈发得到加强。

---

① 教育部高等教育司.大学英语课程教学要求[M].上海：上海外语教育出版社，2007.

我们说大学英语教学是素质教育的一个组成部分，并非凭空想象，这是由它在素质教育中所起的作用决定的。本节就来谈谈大学英语教学在实施素质教育中的作用。

一、大学英语教学的主体功能和作用

首先，大学英语教学具有开发学生智力，提高其认知能力的作用。"培养学生具有较强的阅读能力和一定的听、说、写、译能力，使他们能够用英语交流信息"是大学英语教学的目的，是其根本，偏离之，整个大学英语教学便成为无源之水、无本之木。语言技能的培养自然离不开教学理论和方法的指导。是接受性技能领先，还是产出性技能领先？是采取交际法，还是采用传统的教学方法？是应该从认知的角度把外语学习看成一个知识体系，还是应该避免考虑语言知识，更直觉地去吸收语言？事实上，教学有法，教无定法。任何一种教学理论和方法都有其自身的合理性，只是各有侧重而已。关键是引进的教学理论和方法不要走极端，并且要看其是否适合我们的教学实际。大学英语学习者的学习动机、需求、学习环境、学习心理以及教育背景等与其他学科学习情况存在很大的差异。英语听说法"教语言，别教语言知识"的口号恐怕难以适应我国大学英语教学的实际。大学英语教学不应该也不可能只是语音、词汇和句型机械性的反复操练，不仅仅是行为主义的习惯的形成。在将英语作为外语来学习的情形下（实际上在任何情形下），无论采用哪种观念、路径和方法，其中都有个认知的问题。"没有理由认为语言训练就不可能同时追求一个智力目标，使学习者对该语言和文化有概念性的掌握"。语言的学习和使用需要学习者进行计划、预期和规则的识别，是一个使"知觉得到发展、记忆得到训练、思维得到深化的过程"。

有人曾说过，"智力一般可以认为是人的各种基本能力的综合，包括观察力、注意力、思维力等"。大学英语教学在培养语言技能和交际能力的同时，也具有开发智力、提高认知能力的作用。大学英语教学要求学生不但要获取语言能力，也要学习有关语言和文化的知识。没有理由说语言和文化知识的学习就必然会枯燥乏味；相反它可以进一步激发学生对语言的兴趣，感知和比较英语和汉语之间的异同，乃至探究语言中的一般规律。大学英语教学通过阅读和听、说、写、译等技能的训练，可以培养学生观察、区分语言和社会文化现象，收集、储存、整理、提取语言和文化信息，发现、应用以及修正规则，发现、解决问题，进行推理等多方面的能力。比如说，记忆单词是许多学生感到烦恼的事，因为记忆外语单词和记忆母语单词的语言环境和心理机制不同。这时语音知识和构词法就显得特别重要。比较、对比和联想也是记忆单词常用的有效手段。这些规则、知识和方法，部分可以通过教师的传授来获得，但主要还需学生在教师的启发下自己去观察、发现、整理和修正。这些心理活动必然会促进学生认知能力的不断发展。学生还可以把从英语学习中得到的知识、经验和方法应用到其他学科的学习上，即所谓的迁移。把认知能力的提高作为外语教学的目标，符合教育学关于知识和认识能力关系的原理，它"将使语言课程增添一个崭新而有价值的层面，使之得到加强又不会影响语言熟练程度的培养"。

其次，大学英语教学具有提高学生文化素质，增强其交际能力的作用。文化能力指对一个社会的行为规范、风俗习惯、价值取向等的了解和掌握。语言是人类文化的载体，学习语言的同时自然会增长文化知识。近年来，由于语言和文化关系研究的兴起，大学英语教学中文化导入问题也引起了广大大学英语工作者的关注和兴趣。无论是大纲、教材，还是课堂教学，都在不同程度上增加了有关外国文化的内容。英语不仅是交流信息的工具，而且有助于学习者开阔视野，扩大知识面，加深对外部世界的了解，借鉴和吸收外国文化精华，提高自己的文化素养。许多教师在授课时给学生介绍西方文化，比较中西方文化差异，以提高学生的文化能力。

文化能力融入交际能力当中，相当于交际能力的得体性原则。它主要是指非言语的社会文化行为和事实。交际能力不仅有赖于语言能力，还依靠文化能力。如果没有文化方面的知识，如果不了解文化上的可接受性和不可接受性，那么交际很可能就会产生障碍甚至失败。比如说两个外国人同时看中了商店里仅有的一件商品，他们可能会通过抛硬币等能够直接做出判断的方式来解决这一问题。而中国人的做法通常是彼此谦让一番，彼此忍痛割爱成全对方。这就反映出中西文化上的差异。如果这两个外国人中有一位是不谙西方文化的中国人，恐怕尴尬是难以避免的。由于文化差异而导致交际困难的事例并不鲜见，这并非语言知识的掌握就能解决的。我们应当明白，流利的英语并非交际能力的全部，纯粹的技能训练解决不了"文化休克"的问题。如果我们把交际能力作为培养目的，那么就应该把大学英语置于社会文化的大环境之中。有人甚至建议文化能力的传授应优先于语言技能的培养，这并非没有道理。大学英语课堂为学生了解和接纳异族文化提供了阵地；文化导入为大学英语教学增添了新的层面，充实和丰富了大学英语课堂教学。

当然，我们强调文化素质的培养，也应注意结合大学英语教学实际。毕竟大学英语教学是要帮助学生打好语言基础，我们的侧重点还应是语言形式的掌握和语言技能的培养。文化知识的介绍应当是有选择的，应当围绕语言能力的培养。

再次，大学英语教学具有增强学生主体意识，发挥其主体作用的作用。我国传统的教育思想确实有许多宝贵的东西，但其中也有许多难以适应时代发展和要求的东西，制约着教育的健康发展。在课堂教学的师生关系上，我们似乎过多地强调了"尊重老师"。我们是否可以换个角度去考虑一下"尊重学生"呢？尊重老师，我们强调的是知识的重要性和教师作为长者的人格尊严，但这绝不能等同于"师道尊严"。课堂上师生关系是平等的，都是活动的参与者、信息的交流者。从语言教学上讲，师生都是主体，是传授和认识语言的主体。英语教学中师生的主体地位和作用，是事关全局的问题，是现代外语教学的出发点和立足点，也是当前转变教学观念的一个基本点。大学英语教学要上升到培养人素质的高度，与素质教育的整体联系起来，应当成为现代教育所提倡的"以人为本"的大学英语教育。外语教学不能单纯地理解为"我教你学"。"师道尊严"不应是当今外语课堂的规则。事实上，很多学生之所以缺乏主体意识，在很大程度上是由于传统意义上对教师的过分尊敬和依赖引起的。很多学生常会有老师在上、学生在下的心理，这就给课堂的师生交流带来了困难。师生关系是平等的、相辅相成的和互为依赖的。教师不是当然的指导者，而是课堂交际活动的组织者，是学生学习的帮助者。学生也不是信息的被动接收者，而应该积极主动地参与课堂活动，参与课堂教学评价。课堂教学不只提供和接收信息的问题。教师应鼓励学生发现问题并对此及时做出反应，激励他们对语言进行观察与思考，帮助他们发现语言规律[①]。学生是教学的主体，传授的知识要由学生加以理解、吸收，能力的培养要靠学生的实践，学生应成为真正的主动学习者。培养学生的主体意识是启发性教学原则的要求，它要求教师充分调动学生学习的主动性，引导他们生动活泼地学习，使他们通过自己的独立思考，融会贯通地掌握知识，提高分析问题和解决问题的能力。大学英语教学应让学生学会学习的方法，最终让学生学会独立行事、自主学习。

最后，大学英语教学具有培养学生积极的语言文化和语言学习情感，提高其审美能力的作用。早在20世纪初，情感在教育中的重要地位开始引起注意，教育家开始强调情感教育的作用，但情感在外语教育中的作用直到20世纪70年代才得到重视。外语学习中的情感可表现为对目标语的情感，对目标语所处的社会和文化的情感，对语言学习过程的情感。对于英语学习者来说，英语是一个全新的符号和知识体系，与母语有着很大的差异。学习者在学习过程中必然会伴有各种各样的情感，可能会觉得英语很有趣，也可能会感到英语很奇怪；可能会表现出喜欢的情绪，也可能会表现出困惑；可能很快就会认同并接纳英语，也可能会对英语表现出反感，甚至抗拒。对于英语民族的社会和文化，学习者也会表现出类似的情感。大学英语教学的一项重要任务就是帮助学习者树立积极的态度去对待、接触和认同英语民族的社会和文化，因为对目标语所处的社会和文化持有否定的，甚至是抗拒的态度，要学好该语言恐怕是很困难的，甚至是不可能的。这并不是说要学习者毫无批判地接受或盲目崇拜异族语言和文化。学习英语语言技能，借此去接触和了解异族社会和文化，并进行交流是大学英语教学的目的和特点。因此，大学英语教师有责任帮助学生形成正确的判断能力，既不要贬低和拒绝英语及其所反映的文化，也不要盲目崇拜。这正是大学英语教学审美功能的表现之一。由于英语使用的广泛性及其作为国际语言的重要地位，也由于我国改革开放、经济建设的需要，英语在我国享有很高的地位，英语学习受到高度重视。因而，总体上人们对英语及英语民族和文化的态度是积极的，这就为大学英语教学提供了良好的教学环境。大学英语教学需要解决的主要是学生对英语学习本身的情感问题。影响学生对大学英语学习的情感因素有很多，如中学阶段的英语学习体验、进入大学后的学习动机、大学英语学习感受、阶段学习效果以及个人的意志品质等。比如说很多

---

① 张学新. 对分课堂：大学课堂教学改革的新探索 [J]. 复旦教育论坛，2014，12（5）：5-10.

刚入学的学生对英语学习表现出厌倦的情绪，意识不到英语的重要性，对英语学习产生了厌倦和畏惧心理。在培养学生学习英语的积极态度时，老师的引导就变得尤为重要。大学英语教师不仅要有丰富的知识和扎实的功底还要良好的教学能力，帮助学生做好心理上的准备，去面对学习过程中的困难和挫折，形成独立学习和继续学习的能力。

二、素质教育的价值

素质教育就是使学生在生理、心理、道德修养、科学文化等方面得到全面的发展。从大学英语的教学时数、教学规模、投入的人力物力来看，大学英语教学肩负着素质教育的重任，理所当然地成为素质教育的重要前沿阵地。只有观念的转变、教学实践的改革，才能使大学英语教学在素质教育中的应有作用得到真正发挥。

第二节　基于需求分析的大学英语教学研究

社会的迅速发展和转型对高等教育提出了新的挑战。高等教育承担着以下两个重要的角色：首先，高等教育需要制订相关课程，帮助学生获得知识及综合运用知识的技能，培养学生在一定领域内的能力构建；其次，高等教育注重学生能力从学习领域到其他领域的发展和转移，培养学生必需的职业能力。

在中国，随着知识社会的发展，大学英语教学的地位和作用也有了很大改变。大学英语教学不仅是一种语言课程，讲授英语基本知识，也是一种能力的提高课程，帮助学生开阔视野和了解世界的不同文化。大学英语课程设计应帮助学生掌握扎实的英语基础，同时提高他们的英语运用能力，尤其是他们的英语交际能力。要保证学生英语水平稳步提高，鼓励学生个性化学习，以适应不同专业发展的需要。

一、需求分析

外语课程设计专家 Jack Richard 将语言课程设计的内容和过程归纳为六个步骤：需求分析、设定目标、语言测试、材料设计、语言教学与评价。需求分析被列到课程设计的首要位置，一般来说，在需求分析中，需求可以分为客观需求和主观需求、目标需求和学习需求等。

（一）客观需求和主观需求

客观需求是指所有关于学习者的个人信息（biographical data），如年龄、国籍、性别、婚姻状况、教育背景、学习的语言课程、语言上的困难、外语水平、目前或打算从事的职业等都属于客观需求。有专家指出，客观需求可以通过教师对学习者个人信息的分析以及他们的语言能力和语言使用模式等信息来判断。主观需求是指学习者对语言学习的认知和情感需求，如信心、态度和期望。书中指出学习者的主观需求还包括教学内容的选择、教学内容的排序、教学方法与评价等。许多研究认为，客观需求分析在课程的规划阶段进行，而主观需求分析往往在课程实施阶段进行。事实上，这两种方法通常需要一起使用。例如，在课程评价阶段，学习者的客观需求和主观需求都应得到重视。

（二）目标需求和学习需求

目标需求关注的是学习者在目标情境中需要做什么。对目标需求的分析包括确定目标情境的语言特征，让学习者清楚地知道他们想要使用的语言是什么，或者在什么情况下可以使用目标语言。在充分分析学习者目标需求的基础上设置课程和学习目标，让学生在课程中学习需要掌握的语言技能和知识。学习需求则包括教育背景、动机和兴趣等。在教学中，应重视学习者的学习需求，以帮助缓解学生的学习需求与现行大学英语课程之间的冲突[①]。

（三）需求分析的模式

需求分析包括学习者个人资料的收集，学习目的和语言能力，学习者的态度、偏好、需求和期望。由 Munby 提出的目标情况分析（TSA = Target Situation Analysis）模式是一个复杂且非常详细的分析工具，课程设计者可以利用这些工具对学习者进行需求分析并建立档案，这些可以构成教学大纲的基础。作为 TSA 的补充，当前现状分析（PSA = Present Situation Analysis）主要调查学生在语言课程开始前的语言状况、学生的基本信息和语言水平、对语言教学和学习的态度。除了目标情况分析和当前现状分析外，需求分析也是两个重要的需求分析模型。在大学英语课程设计过程中，可利用需求分析模型来研究学生的客观需求和主观需求、目标需求和学习需求，从而判断当前大学英语课程是否可以满足学生和社会的需求和发展。

二、大学英语课程的开发

Brown 的课程开发模式，除了需求分析，还包括其他五个方面，即目的、测试、发展、教学和评价。评价必须贯穿整个课程设计系统而并不只是在最后阶段。在本节第一部分已经对需求分析做了充分的阐述，但是如果想要系统地开发大学英语课程，对其他五个方面必须要进行科学的分析。

---

① 汪军，严晓球.近十年来国内大学英语大班教学研究综述[J].教育学术月刊，2011（11）.

（一）确立英语课程的教学目标

许多研究者认为，教学目标是课程的必要和重要组成部分。一般来说，课程设计有三种目标，即认知目标、技能目标与情感目标。无论是什么样的目标，都要根据学生需求和社会需求，特别是以学生为本，确立恰当的教学目标。因此，大学英语课程的教学目标是使学生掌握足够的英语知识，培养学生综合运用英语的能力，尤其注重提升英语口语和听力能力。这样，学生在今后的学习、工作和社会交际中可以有效地运用英语进行口头和书面沟通并成功完成任务，同时增强其自主学习能力，提高综合文化素养，以适应我国社会发展和国际交流需要。

（二）改革大学英语测试

学生的学习需求和社会需求具有较强的英语交际能力和综合应用能力。为了满足这种需求，语言测试，包括当前的大学英语测试（CET），都需要进一步完善和改革，以适应大学英语教学的发展。

首先，确保高校学生能熟练地运用英语进行实践和交流来适应社会和经济的发展并通过测试来促进英语教学和学习。其次，充分利用计算机和互联网技术，进一步提高语言测试的效率和有效性。最后，完善 CET 和 EFL 这样大规模标准化的英语考试，进一步完善测试的内容与形式，提倡合理评价测试结果，最大限度地推动英语教学的发展。

（三）英语课程教材开发

教材是影响英语教学的主要因素之一，是学生英语输入的主要来源，也是英语教师的主要教学材料。教材应包括不同风格的文章，涵盖广泛的知识，反映最新的事态发展，这有助于转变教师的教育思想，提高教学效率。教材不仅应包含英美文化也应该包含中国和其他国家的文化，用于提高学生的视听能力、口语能力及理解能力。此外，教材不应被视为英语学习和教学的唯一参照，还应该充分利用互联网上的英文资料、报纸和杂志来丰富教学内容。

（四）重塑英语课堂教学

教学模式的改变绝不只是要求教学方法的改变，更重要的是教学理念和教学实践的改变，即以教师为中心的教学模式向以学生为中心的教学模式的转变。将计算机网络课程教学与传统的课堂教学相融合，包括学生学习和自我评价、教师讲课、在线辅导、监控、管理等模块的融合。同时，在课堂教学中学生的角色应该从被动接受到主动参与，通过开展实践训练和活动、对热点问题的讨论、记者采访和论坛等来实现英语语言的交互功能。学生是课堂语言学习的主人，教师应成为教学活动和学生学习的指导者。

总之，新的语言教学模式应结合实用性、知识性与趣味性，充分利用各种丰富多彩的教学方法调动教师和学生的积极性，特别重视学习过程中学生的中心地位和教师在教学中的主导作用。

（五）构建英语课程评价新体系

课程评价应该贯穿整个课程设计系统，每个环节的评价与反馈都促进了课程目标的实现和发展。评价应关注学生英语语言能力的发展及学习效果，综合采用形成性评价和终结性评价，注重评价方式的多元化，将评价融入教学的每一个环节。这样既有利于激发学生学习的积极性，提升学生的英语综合能力，也有助于教师利用获取的反馈信息调整教学方案，完善课程设计。

综上所述，大学英语教学的发展是一个复杂的系统工程，学生是英语教学的中心，也是实现英语课程教学目标的人。社会是一个大的工厂，英语教学应该充分分析学习者的需求、社会的需求和未来的需求，培养具有较强竞争能力的大学生，把学到的东西运用到实践中去，让他们成功地融入社会。

第三节　生态视域下的大学英语教学

在过去几十年的发展历程中，我国大学英语的教学方法经历了巨大的变化。在不同时期、不同的教学理念中占主导地位，因此某一种教学方法就成了那一时期的主流。如注重阅读和语法教学的语法翻译法；采取模仿、机械练习和记忆的听说法；通过情景组织语言操练的情景法；注重语言规律，在理解的基础上进行有意义操练的认知法；培养学习者通过目的语进行实际交际能力训练的交际法；以学习者为中心，在学习中通过完成各种任务来掌握语言的任务型教学法等。这些教学方法的演变是一个不断发展和进步的过程。然而，在当今以计算机多媒体和网络为背景的大数据时代，除了传统的课堂教学形式和传统的教材之外，各种电子读物和报纸、音像资料、影视作品、多媒体课件、自主学习中心、在线资料库等海量丰富的教学和学习资源都可以自由获得，尤其是慕课浪潮席卷全球，这就改变了以往单一的某一种教学方法一统天下的局面，大学英语教学受到了严峻的挑战，同时也意味着大学英语教学进入了后方法时代。笔者从生态学视角出发，探讨如何应对当今时代背景下大学英语教学所面临的挑战。

一、理论背景

一般认为，生态是指生物在一定的自然环境下生存和发展的状态。生态学是研究有机体与其周围环境相互关系的科学。生态学主张自然界中各种生物与其生存环境的相互联系、相互作用，构成一个自然的整体，也就是生态系统。大学英语教学不是教师在独立的时间与空间中向学生灌输、学生被动接受知识的过程，而是以学生为中心，以教师为主导、学生为主体的积极的意义建构过程，这一过程不可避免地要受教学信息、课堂条件、校园氛围、社会环境以及全球背景的影响，它们一起构成一个不可分割的整体。从这种意义上来说，大学英语教学构成了一个微观的生态系统。教育生态学运用生态学原理和研究方法，特别是生态系统、生态平衡、协同进化等原理与机制，研究各种教育现象及其成因，探讨教育发展规律，揭示教育发展的趋势和方向[①]。用生态学来研究大学英语教学中教师、学生、教学信息及周围环境之间的相互关系，探索如何在大学英语教学中实现四者间的动态平衡，可以为大学英语教学提供新的研究视角。生态视域下大学英语教学的核心是系统观、整体观、平衡观、和谐观和可持续发展观。它关注的是教师、学生、教学信息及其周围环境之间的系统性和多元互动的整体性，因此强调任何一种因子而忽视其他因子的做法都是片面的、不可取的。大学英语教学的生态观，不仅强调以人（学生和教师）为本和人的可持续发展，同时还关注人与环境的共生与平衡，实现多元和谐发展。

二、生态视域下的大学英语教学

生态视域下的大学英语教学把大学英语教学看作一个生态系统，系统内的各个生态因子之间相互联系、不可分割，构成一个统一的整体。教学中要正确处理好各种生态因子之间的关系，充分发挥各自的优势，同时又相互协调，达到一种动态的平衡，从而促进其可持续发展。笔者认为大学英语教学这一生态系统由教师、学生、教学信息、环境等因素构成，这些因素之间相互依存、相互作用，平衡发展。

（一）生态视域下教师的角色

传统教学中，教师是教学活动的中心，是传道者和权威。而在生态课堂中，师生之间信息的传递不是单向的，而是双向互动的。教师在教学中不再是知识的灌输者与传授者，而要充当多种不同的角色，这就给教师带来了巨大的挑战。①教师是引导者，在学生求知的道路上，指引他们前进的方向。②教师是教学活动的策划者和组织者，要精心策划好每一门课，甚至每一节课的课堂活动，并将其有效地组织与实施，保证教学活动的效果。

---

① 杨淑萍,王德伟,张丽杰.对分课堂教学模式及其师生角色分析[J].辽宁师范大学学报(社会科学版),2015（9）.

③教师是管理者，良好的管理能力为教学活动的顺利进行提供保障。④教师是信息之源，向学生提供权威的知识信息。⑤教师是示范者，用其特有的方式把教学内容呈现在学生的面前，便于学生理解与掌握。⑥教师是课堂气氛的营造者，应尽可能地为学生营造轻松愉悦的学习气氛，使学习不会成为一种负担和令人讨厌的事。⑦教师是激励者，不断激励学生解决求知和生活中的困难，使其健康成长。⑧教师是学生的朋友，分享他们的快乐与悲伤，给予学生必要的帮助。⑨教师是评价者，对学生进行客观公正的评价，指出其优点与不足，促进学生不断进步与成长。在这些角色中，教师与学生的地位没有主次之分，而是平等与相互尊重的。要做到这一点，教师就要在平等的基础上与学生对话，教师不仅是教学活动的主持者，也要做学生忠实的听众，聆听学生的见解与心声，做学生的好伙伴。生态学要求在大学英语教学中师生之间相互依赖、相互融合、平等和谐、共同发展，建立民主、平等、对话、和谐、共生的师生关系。

（二）生态视域下学生的角色

在生态大学英语教学中，学生不是被动的知识接收器，而是学习活动的中心，与教师、同学以及周围的环境积极互动，相互作用，实现自我发展。①学生是意义的积极建构者，在学习中参与各种课堂活动，凭借现有的知识经验和不懈的努力，理解和内化知识，建构意义，充分发挥自己的潜能和创造力，提升自我。②学生是学习活动的合作者，在学习中学生既要与教师积极配合，也要与其他同学密切合作，在合作中习得知识，培养良好的团队精神和沟通能力。③学生是自主学习者，要具备自主学习的能力，做学习活动的主人，主动学习、学会学习，养成良好的学习习惯，培养终身学习的能力。④学生是自我评价者，学生要能对自己的学业情况做出客观理性的评价，知道自己的优点和长处，也要清楚自己的缺点和不足，进而制订改进措施，完善和提高自我。⑤学生是乐于学习者，学习中当然要勤奋与努力，但也要营造轻松快乐的学习氛围。在快乐中学习，享受学习和成功带来的喜悦，在身心愉悦中成长进步，形成良性循环。

（三）教学信息

生态大学英语教学以学生为教学活动的中心，注重培养学生的自主学习能力，满足学生多样化和个性化发展的需求，这就对教学信息提出了更高的要求。这里所说的教学信息包括教材，但又不仅仅局限于教材。单一教材本身的知识面有限，教材中知识的呈现媒介相对而言较为单调，不利于学生知识的扩展，甚至可能会使学生失去学习兴趣。在网络与信息化高度发展的今天，死啃一本教材的教学模式显然无法满足学生多样化、个性化的学习需求，也不适应当前时代的发展。教学中要跳出单一纸质教材的樊篱，充分运用多媒体课件、音频和视频材料、纸质和电子图书、期刊和报纸、广播影视节目、微课、慕课、网络自主学习中心、数据库、虚拟图书馆等教学信息资源，使学生在学习上有更多的选择，能接触到更广博的知识，通过自己喜欢也适合自己的媒介获取知识，积极建构意义，提高学习效率。

（四）环境因素

就宏观层面而言，生态大学英语教学环境是大学英语教学赖以发展的多元环境的总和，包括自然环境、社会环境、学校环境和家庭环境等。生态大学英语教学的微观环境是生态大学英语教学的课堂环境，包括物理因素、人际关系因素、文化因素和心理因素等。本节关注的是如何优化生态大学英语教学的课堂环境。

1. 营造良好的物理环境。具体包括教室的建筑要符合国家相关的标准；教室的大小要适中，过大或过小都不利于课堂教学与管理；周围要尽量减少噪声干扰；墙面和课桌椅等设施的颜色要柔和淡雅，给人自然舒适的感觉，同时又不会分散学生的注意力；教室内光线要充足、柔和，通风良好，温度和湿度适中；要改变传统座位纵横排列的模式，采取"U"形等灵活的排列模式，便于同学之间分组讨论、协作学习，也便于教师走到学生中间，与每一名学生近距离交流，营造自由民主的学习氛围。此外，还要注重教学工具的建设。现代生态大学英语课堂除了传统的黑板、粉笔、桌椅等教学工具外，还应配备电脑、音响、投影仪等多媒体设备，以及稳定高速的网络连接。这些教学设施的使用，有助于教师在教学中充分利用丰富多彩的音频、视频资源，更直观地通过多种感官刺激，提高教学效果。

2. 构建和谐的人际关系。在生态大学英语课堂中，师生、生生、师师之间应该构建自由、平等、文明、包容的和谐人际关系。在相关规章制度允许，且不影响他人权利和利益的情况下，教师和学生可以自由地发表学习、学术见解，营造公开、开放的学习氛围。彼此之间相互平等，教师愿意倾听学生的声音，学生乐于与教师分享自己在学习和生活中的体验，在学习和生活中互帮互助，共同进步。人与人之间文明、友善，在文明、礼貌、竞争、有序的人文环境中学习成长，在尊重他人的基础上赢得他人的尊重。在追求自身个性化发展、自由发表见解的同时，要包容不同的声音和见解，营造出和谐融洽的学习氛围。

3. 打造有利于学习的文化环境。课堂文化环境既包括由教室、课桌椅、黑板、多媒体设备、墙报等构成的物质文化环境，也包括师生的价值观念、道德情操、班风、学风等精神文化环境。教室内的课桌椅和教学设施应合理摆放，同时墙面也可以适当布置，如设计积极向上的墙报，并进行一定的装饰，使教室里充满生气与活力；但是也不能过度装饰，以免分散学生的注意力。在精神文化方面，引导学生树立正确的价值观和人生观。在鼓励学生个性发展的同时，培养学生的团队协作精神，增强学生的集体荣誉感和自豪感，建立具有凝聚力和向心力的班集体，形成团结友爱、互敬互助的班风，以及勤学善思、热爱学习、善于学习的学风。

4.优化生态大学英语教学的心理环境。大学是学生人生中非常重要的一个阶段，多重因素影响他们的心理状况，如学习因素、人际交往因素、就业因素等。优化生态大学英语教学的心理环境，就要尽量降低并缓解可能令学生产生紧张与压力的因素。这就要求要以人为本，为学生提供开放、包容的心理环境，促进学生的身心健康发展。教师要勤于并善于与学生沟通，对学生多加鼓舞和激励，为学生营造轻松愉悦、积极向上的学习环境。家长对学生的要求要适度，他们对孩子怀有很高期待的心情可以理解，但应尽可能地保持在理性的范围之内，不要给子女施加太大的压力，尤其要避免家长不顾学生个人感受把自己的意愿强加在学生身上的做法。学生自身要树立正确的价值观，培养积极乐观的态度，有一定的自我调节能力和抗压能力。

构成生态大学英语教学的教师、学生、教学信息、环境等因素相互联系、相互作用。因此，要提高大学英语课堂的教学效果，就要处理好大学英语课堂这一生态系统中各个生态因子之间的关系。首先，要处理好教师和学生之间的关系，构建以教师为主导、学生为主体的、以学生为中心的教学模式，充分发挥学生学习的主观能动性。其次，要清楚地认识到，生态大学英语教学中的教学信息不仅仅来源于教材，还要充分利用各种现代技术手段，通过各种渠道获取有利于学生个性化发展的学习资源，使学生能够通过自己喜欢的方式，利用自己喜欢的学习资源来优化学习效果。最后，要为大学生学好英语创造良好的生态教学环境，从物理、人际、文化和心理等多方面为学生的英语学习提供环境保障，以期真正建立良好的生态大学英语教学系统，提高大学英语的教学质量。

第四节　对分课堂与大学英语教学

随着我国教育的不断改革，我国越来越重视教学质量和教学方法。传统的大学英语教学方式太过刻板、无趣，根本无法激发学生的兴趣。对分课堂教学模式强调师生交流互动，改变教师"独角戏"角色，使教学具有针对性和实践性。大学英语教学应用对分课堂教学模式应注重课堂组织、设计和考评，以有效地促进大学英语教学质量的提高。

一、对分课堂的基本概况

（一）对分课堂概念的提出

"对分课堂"是复旦大学心理系博导、普林斯顿大学心理学博士张学新教授根据认知心理学，于2014年提出的一种原创性的新型课堂教学模式。其核心理念是把一半的课堂时间给教师讲授，另一半给学生讨论，并把讲授和讨论的时间错开，让学生在课后有一定的时间自主安排学习，进行个性化的内化吸收。

（二）对分课堂的环节

对分课堂分为三个环节，分别为讲授、内化吸收和讨论，简称 PAD 课堂。对分课堂强调先教后学。教师首先应对教学内容进行宏观介绍，明确学生的学习范围，指出难点、重点。其次要求学生通过自主学习来进行个性化的内化吸收。在内化吸收的过程中，要求学生独立完成作业"亮考帮"。"亮考帮"是"亮闪闪""考考你"和"帮帮我"的简称。"亮闪闪"是指列出学生学习过程中自己感受最深、受益最大、最欣赏的内容等，至少一条。"考考你"是指列出自己弄懂了，但是别人可能存在困惑的地方，用来挑战别人，至少三条。"帮帮我"是指列出自己不懂的问题，在讨论时向别人请教，至少三条。最后是讨论环节。

（三）对分课堂的核心概念

1. 两个核心要素

对分课堂强调两个核心要素：一是把一半的课堂时间分配给教师讲授，另一半分配给学生讨论；二是将教师讲授和学生讨论在时间上错开，让学生在中间自主学习和个性化吸收。

对分课堂最初是为了调动学生的学习积极性[①]。要想让学生主动参与，教师必须让出部分课堂时间，交给学生掌控、主导，形成师生"对分"课堂的格局。在对分课堂上，教师介绍基本框架、基本概念，着重讲授重点、难点，但并不涉及全部教材内容。学生通过教师讲授把握章节的基本内容，理解重点、难点，能大大降低课后的学习难度。在课后学习时，学生便可以根据自己的个人特点和具体情况，凭自己的节奏去完成内化吸收过程，完成对教材内容更为全面的学习与理解。内化吸收之后，学生再回到课堂上，分组讨论学过的内容，然后与全班学生和教师开展深入的互动交流。同一内容，经过教师讲授、课后复习、分组讨论三个过程的分阶段学习，理解程度逐渐加深。

2. 对分课堂的核心理念

对分课堂的核心理念是：教师只用一部分时间讲授课程，其余时间交给学生分组讨论，在授课和学生内化之间架起桥梁。实施过程的关键是授课一周后（可根据情况调整）再进行讨论学习，学生在这两个过程之间进行自主性学习，完成内化。在大学英语中应用对分课堂教学模式，极大地推进了英语教学改革，教师更多的是留给学生时间和机会，让他们用英语交流探讨，转变成课堂的主动参与者，提高学生学习的自主性，提升学生对学习的

---

① 张博雅.对分课堂：大学英语课堂教学改革的新思路[J].科学与财富，2015（12）：803.

参与度，让师生有更多机会互动交流，提高学生学习英语的兴趣和积极性，改善学生"哑巴"英语的状态，并促进学生独立思考。

二、对分课堂与大学英语教学

在大学英语传统课堂上，教师从头至尾进行详细的讲解，学生只是听众而已，被动接受所教的英语，没有机会参与其中。对分课堂为学生提供了良好的机会，可以通过实践使对分课堂这一理念更容易被接受与采纳。

（一）对分课堂在大学英语教学中的体现与特点

1.使教学更有目的性

教师在讲授的过程中列出难点，让学生课下进行准备，下次上课时在课堂上进行分组讨论，让教学具有针对性，提高教学效果。针对性体现在：更高效地关注学生学习中遇到的难点，及时进行针对性的讲解，加强课堂教学效果，同时给学生充分实践的机会。强化听、说、读、写、译各方面能力，在对分课堂上互相交流、讨论，很大程度上促进了课外实践的完成。

2.使课堂参与程度从"一"到"多"

由于传统教学理论忽略了学生的认知感受和对课堂的参与性，过分强调和维护教师的主体地位，导致学生缺乏学习热情、师生之间缺乏沟通、教学效果不理想等问题。目前，笔者学校大学英语教学也出现了类似的情况，由于课时量有限，大部分教师仍采取唱"独角戏"的方式进行课堂教学，师生之间没有沟通与交流，教学效果很不理想。

课堂上，学生数量通常较多，个人素质也不尽相同，因此，教师应该根据学生的认知水平和综合能力，实施针对性教学，可以将学生分组，进行引导，因材施教。学生分组讨论之前教师留下的难点问题，在讨论过程中，教师引导帮助各小组，使学生所学的知识得到加深和升华；学生需要为讨论做准备，就会认真做作业和预习，这大大提高了学生学习的主动性和积极性。

3.使学生养成更好的学习习惯

培养大学生自主学习能力是大学教育不可或缺的一部分，但是在大学英语传统教学过程中，往往忽略了学生独立思考和自主学习的能力。对分课堂可以达到培养学生自主学习能力的目的，学生为了凸显自己的观点，课后会自主查阅资料，独立思考问题，并在小组内有效沟通，逐渐培养他们自主学习的能力和合作意识。在自主学习环节，学生为了完成内化，会主动思考问题，加深对知识的理解，不断加强学习能力。

（二）对分课堂在大学英语教学中体现的优势

1. 有助于学生培养自主学习的习惯

传统教学模式下的大学英语教学，学生是被动进行学习，自主学习能力很差，而这对学生深化学习、创新精神的培养都是非常不利的。对分课堂教学模式是将课堂"一分为二"，在课堂上教师首先讲解本单元的重点、难点，然后学生进行自主学习。自主学习主要是学生课下利用微课进行学习，将学习过程中遇到的难点记录下来，便于下节课的互动、交流、学习。学生的自主学习有利于提高学生阅读、理解等多方面的能力，并且培养创新能力和综合能力，对今后的工作、学习有着十分重要的影响。但需要注意的是微课只是辅助工具，不要过分依赖，因为真正发挥作用的还是教师在课堂上的知识点教授。

2. 有助于学生树立时间观念

在传统教学模式下学生对于时间的掌握是非常被动的，只能按照教师的节奏来进行学习。而微课教学则是让学生变被动为主动，学生可以根据自身的学习状况来掌握各个环节的学习时间，通过学习来弥补自身的不足。这样不但可以有效地提高自身的英语水平，而且可以节约更多的时间，让学生进行一些自己喜欢的活动。而对于那些英语水平较差的学生来说，这是一个很好的提高英语水平的学习方法，学生可以通过自己的喜好来选择微课视频，利用这种方法来提高自身对英语学习的兴趣，在短时间内提高英语水平。

3. 有助于增加师生交流机会，促进学习进步

在以往的教学模式中，教师具有绝对的主导地位，在课堂上学生与教师分工明确，教师进行教授，而学生只负责听讲。在这种模式下教师很少有与学生交流的机会，这不但不利于学生学习水平的提高，更影响学生学习的积极性。而在微课教学中，教师在课堂上讲完重要的知识点后，学生在课下利用微课进行学习，学生在微课中遇到不懂的可以标记下来，在下堂课中拿出来与同学、老师进行交流讨论，这样的学习过程给学生提供了质疑教师的机会，学生的学习兴趣大大提高，学生的知识点应用能力也会在讨论中有所提高。

（三）对分课堂为大学英语教学带来的挑战

1. 教师要掌握合适的立足点

传统教学模式中，学生的学习时间、方法、评价、课程教授的进度等都是由教师主导和决定的，教师是主体。而在微课教学方式中，课堂上的主体由教师转变为学生，教师只是学生学习的引导者，教师在课堂上只需将重要的知识点向学生讲述即可，具体的学习由学生自己把握。教师更多的是给学生解惑，就学生在自主学习过程中所遇到的难题向学生解答，以此提高学生自主学习能力，激发学生的学习兴趣。除此之外，教师在面对教育的改革、教学方式的转变时也应该是积极的倡导者与引导者，而不是阻碍者，教师应该积极

学习，提高教学水平，适应不断变化的教学环境，找到最好的教学方式，因材施教，以学生为中心进行教学。

2. 互动、评价体系的建立

对分课堂教学中必须建立完善的师生交流平台，师生可以更高效地将学习中遇到的疑惑进行沟通，让学生及时得到教师的解答和指导，让学生有针对性地学习，更好地增进师生之间的感情，更重要的是可以快速提高学生的学习能力。另外，对分课堂模式还需要建立一个有别于传统的完善的教学评价系统。传统的评价系统是单向的，对学生的评价是采用期末考试的单一方式，微课教学中的新评价体系应该是同时对师生进行双向的评价，通过对学生进行评价可以发现学生学习的薄弱环节，通过对教师的评价则可以帮助教师改善教学方法，提高教学质量。不管是建立师生互动系统还是评价系统都必须有强大的技术以及专业的人才支持，如果只是脱离实际的系统研发，所起到的效果只能适得其反。

3. 应试教育与对分课堂模式的冲突

应试教育背景下教师的教育以及学生的学习精力都放在了主要考点上，这对提高学生的自主学习能力来说是非常不利的。而推广对分课堂模式最大的问题就是需要学生的自主学习能力，这对于已经适应传统教育的教师和学生来说都是非常困难的。如何避免这一冲突或者将其缺点降到最低是未来一段时间需要解决的问题。

第五节　慕课时代对大学英语教学的影响

现代信息技术的迅速发展对现代教育事业有着重大的影响。慕课时代已来临，它弥补了传统教学的缺陷，以一种新型的开放在线教学模式吸引了一大批学习者，特别是对当代大学生产生了重要的影响。慕课的兴起，对大学英语教学也形成了很大的冲击，在受到越来越多重视的同时，也给传统英语教学方法敲响了警钟。本节就慕课时代对大学英语教学的影响进行分析，就它对英语教学的正面影响和负面作用进行论证，以期为大学英语教育的平稳发展提供理论参考。

慕课的英文全称是 Massive Open Online Course（MOOC），即"大规模开放的在线课程"。从英文全称中可看出，它主要依靠的是现代信息技术，拥有大量的教学资源，并通过数字化的教育平台和远程教学实现资源的共享。慕课在大学英语教学中的使用，有利也有弊，笔者通过具体的分析来论述利和弊。

一、慕课教学的有利影响

慕课教学是现代化的产物。大学作为教书育人的高等学府更应该紧跟时代的发展,毫无疑问的是,它的出现确实打破了传统教学模式,特别是大学英语教学模式。慕课时代的到来对于大学英语教学的弊端具有弥补作用。一方面,笔者通过探讨慕课的优点,来论述它对英语教学有利的一面。慕课的优点主要有以下几点:(1)配备齐全。慕课教学是源于美国高校的一种全新教学模式,这种网络在线教学配备齐全。作业批改、辅助性学习管理,学生可以在网上任意选择自己感兴趣的学科进行学习,并且在学习的过程中,学生必须接受一定的考试才能进入下一个学习阶段,拥有完备的教育流程。配备齐全的教学打破了传统教学中固定的单一授课模式,空间和时间上有了更多的自由,对于学生的学习更有帮助。(2)拥有最一流的教学团队。慕课教育的教学资源是国际上一流的专业名师,拥有得到世界承认的学术水平。这对于大学英语学习具有很大的好处。我们知道,英语是外来语,对于英语专业的学生来说,大学英语教师的教授远远不能满足他们对外国文化的需求,所以慕课教学很好地弥补了这一点,其可以通过慕课教学向国外的名师学习英语,了解外国文化,学习更多的英语知识。(3)慕课具有自由的学习时间和空间。传统大学课堂都是一节课五十分钟,由教师一人面对大课堂向学生授课。这种教学方式,容易使大多数学生注意力不集中,积极性不高,长此以往便失去了学习的兴趣。慕课很好地弥补了这一缺陷。(4)学习上打破了时间和空间的限制①。每一节小视频的时间多为十几分钟,每一节也多以教授一个小知识点为主,这很好地集中了学习的注意力,更提高了学习的效率。慕课教学的这些优点很好地弥补了大学英语教学中的不足,学生的学习有很大的帮助。

另一方面,慕课教学提高了整个大学英语教学的效率,主要从两个方面来论述。从教师角度来看,慕课教学把老师从繁重的课业教学中解放出来,通过慕课,学生和老师可以通过网上互相探讨完成学习任务。除此之外,还可以提高教师的专业知识水平。英语教师有更多的时间去学习一流大师的教学,积累经验,丰富自己的教学方法。从学生的角度来看,慕课教学很好地改变了一对多的教学模式,学生可以向老师提出自己的疑惑,通过网上交流,解决问题。英语学习,更注重的是口语,所以对于学生来说,可以通过国外的网络资源平台,学习标准的美式英语或者英式英语,提高自己的英语水平。慕课时代尊重学生的主体地位,能更好地帮助学生发现问题、解决问题,提高整个英语教学的效率。

二、慕课教学的不利影响

慕课教学是科技的产物,更准确地讲,主导的是个性化教学方式。笔者通过查阅相关

---

① 柴霞.基于"对分课堂"的大学英语教学实践与反思[J].曲阜师范大学公共外语教学部,2016(6).

的论文资料,发现慕课教学对大学英语教学的有利影响最多,而对于这一独特的授课模式的不利因素探讨甚少。笔者通过三个方面来论述慕课教学对当下英语教育的不利影响:(1)慕课教学方式不易提高学生英语学习的自主性。大学不同于高中,很多知识要学生自主学习获得。而慕课教学的最大特点是具有时间和空间的自主性,学生也不用去教室,只需要在网上平台听老师的课。这对于没有很好的自制能力的学生来说,并无好处。松散的授课方式只会滋生懒惰的行为,所以接受的对象只是一小部分学生。笔者查阅相关资料,慕课教学中英语课程所选的比例不到10%,对于优秀的英语授课,很多大学生并不适应,所以在英语教学中的作用也不是很明显。(2)慕课与传统教学方式相比,并不具有很强的实践性。英语教学重在听、说、读、写,慕课教学只是一种网上视频学习,不具备很强的实践性。对于大学英语课教学,学生的说占了很大一部分,慕课教学则省略了这关键的一步,只会听不会说。此外,语言障碍并不是一下就能够解决的,在这个过程中,教师扮演着重要的角色。所以传统教学中教师对学生的点拨,以及教师与学生共同的交流都是慕课所无法比拟的。(3)慕课教学让英语教师有很大的危机感。慕课有一流的英语教学团队,如果所有的高校都通过慕课来教学,那么大学英语老师的教学便没有了意义。慕课的英语教学是国内外最一流的团队,在和他们的比较下,教师的全部注意力便集中在向他们的学习上,这并不利于新的教学思想的出现,只会带给教师较大的压力与危机感。所以,慕课教学对于大学英语教学并不都是有利的,同样也有负面影响。

综上所述,慕课教学在大学英语教学中有着双面的影响,因此,教师和学生要充分地了解慕课教学的模式和方法,实现大学英语教学的创新化发展,提高教学质量和水平。

第六节　微课与大学英语教学

伴随着生活中微博、微信、微电影的到来,我们进入了生活的微时代,大学的教学也紧跟时代,目前教育部门已开始积极推广微课。微课已成为高校课堂的一部分并被广泛应用,学生进入了学习的微时代。微课改变了学生的学习习惯和方式,改革了大学英语课堂模式,成为英语教学的重要手段,各高校因此掀起了制作微课的热潮。大学英语作为高校的一门重要公共课程,大学英语教学一直走在英语教育和教学改革探索的前沿,课堂教学模式的改革是教育教学改革的重点。在目前的微时代,教师的任务是利用微课提高英语教学的效果,开展微课在英语教学中的有效研究来满足学生学习的需求。

一、微课的概述

微课的英文名叫 Micro-Lecture 或 Micro-Lesson,其最早是在1960年年初由美国大学提出并采用的。微课全称为"微型视频课程",是以教学视频为主要呈现方式,内容围绕学科知识点、习题的疑难问题、实验操作等的教学过程及相关资源,是基于学科知识点而构建生成的新型网络课程资源,是教师借助设备和网络平台展示某个教学任务的方式。微课时长一般为5~10分钟,即10分钟以内。微课不是完整的教学而只是教学的一部分或一种资源,是传统课堂学习的一种重要补充和资源拓展。在信息技术高速发展的时代,微课是依托互联网的一种知识传播和传授的崭新方式。微课的核心是教学视频,包含与教学主题相关的教学设计、素材课件、教学反思、练习测试、学生反馈、教师点评等辅助性教学资源。

微课可以根据教师的喜好和实际情况分为三种使用模式。第一种为课前使用。课前使用微课是让学生提前熟悉本课堂将要学习的重点或难点知识,将预习的作用发挥最大化。第二种为课中使用。在课堂授课中使用微课能节省教师讲解本课知识的时间,有更多的时间和学生交流和互动。第三种为课后使用。课后教师利用微课来布置作业,让学生观看微课视频自主学习,能加深学生对所学知识的印象,帮助学生巩固课堂所学,提高学生的学习效果。微课的功能体现在它可以录制微视频用于课前、课中和课后的教学,改变了传统的教学模式。知识的传授通过网络在课前完成,知识的内化在课中通过练习、交流和讨论完成,知识的更高层次的探究和巩固则是在课后完成。

微课的特点有很多。第一,微课教学时间短,有灵活性。微课教学课程在时间控制上具有短小灵活的特点,微课的时长一般在10分钟以内,时间短可保证学生注意力集中。学生利用课余时间灵活自主地完成辅助学习过程,提高学习质量。第二,微课制作简便,使用方便。微课的制作并非要具备高端的技术,制作条件容易满足,视频的容量较小,播放格式简便,可在线观看或下载。在网络与移动设备的支持下,学生随时随地都可通过在线观看、网络下载等方式学习微课,可通过反复播放和暂停来加深印象和解决疑问。第三,微课主题突出,针对性强。一堂微课中,教师只围绕一个知识点展开教学,主题更加突出,教学的目标细化而明确。第四,微课具有趣味性和新颖性。微课的制作可以结合PPT、表演、实验、动画等,集文字、图像、声音、电影片段于一体,形式新颖,并在视觉和听觉上激发学生的兴趣,吸引学生的关注,营造轻松愉快的学习氛围。第五,教师通过微课可以获得及时的反馈。由于微课教学时间短且人人参与,教师能及时得到学生对自己教学方案真实而客观的反馈,并了解学生的评价。同时,教师可了解学生的学习进度和思想活动,对学生的作业及时点评,给出意见。

微课的优势体现在方方面面。对于教师来说,微课可以提升教师的教学能力,丰富教师的教学手段。通过制作微课，教师可以掌握整合英语教学内容和现代信息技术的综合能力，不断改进自己的教学方式，提高专业能力和教学质量。对于学生来说，微课可以保证学生学习的自主性，增强学生学习的兴趣和信心。微课倡导以学生为主体的个性化学习，拓展学生的学习渠道，因材施教。学生学习不受时间和空间的限制，可以掌控自己的学习进度，反复观看教学视频直至彻底学会。对于师生互动来说，微课可以促进师生交流，建立新型教学关系[①]。微课让教师有更多的时间和学生进行交流互动，使教师角色发生转变，成为传授者、解惑者和引导者，师生关系因此变得更加亲近。对于教学效果来说，微课改变了传统大学英语教学模式，提高了教学效率。微课的主题针对性强，节省教师的时间和精力，学生自主掌握教学重点和难点。以学为本的微课改变了以授为主的传统教学，课堂成为集中答疑和共同做练习的场所：学生提问、教师解答、师生互动、生生讨论。

二、微课教学中存在的问题

微课视频教学时间过长。有的教师整堂课都使用微课视频教学，学生当作看电影，不知课堂重点，注意力分散，渐渐失去学习兴趣。微课要作为辅助教学工具来结合传统教学模式，时间必须控制在10分钟以内并严格把握教学目标和知识点的"量"，避免填鸭式教学。

微课内容针对性不强，主题不突出。有的微课真正成了"碎片式"教学，内容过于杂乱，前言不搭后语，东一段、西一段。教师要确保每节微课只讲授一个知识点，选择重点、难点、易错点，这样主题才会明确而有针对性，语言要力求简练，能直接点出主题。

微课制作花哨，形式过于烦琐。有的微课只注重视频展示的形式，利用花哨的制作手段而忽略了讲授的内容，本末倒置，喧宾夺主。学生的关注点都放在形式上，这并不利于学生理解和记忆教学内容。教师在制作微课时应简单明了、形式新颖、一目了然，切忌烦琐，应摒弃花哨的外表。

微课制作视频不具观赏性，音频没有感染力。有的微课视频内容简单，没有趣味，甚至质量模糊。有的教师录制音频时声音平淡冷漠，甚至有杂音，无法吸引学生的注意力并感染学生情绪。教师在制作微课时要注重制作的细节，保证音频和视频的质量，视频要精选能代表本课和有趣味的内容；声音要多展示激情，提高声音的表现力，抑扬顿挫、风趣幽默。

微课制作盲目，不了解学生的实际情况。有的教师在制作微课时不了解学生的英语基础，制作的内容或是简单轻松，或是高难晦涩，学生学习与自己水平不符的微课内容，教学效果根本达不到。教师要充分了解学生的实际情况，制作与学生水平相一致的微课。同时，对学生容易出现的错误和问题，要重点强调，做到有的放矢。

---

① 谷陟云. 罗杰斯的人本主义教育观及其启示[J]. 现代教育科学，2009（10）.

三、微课纳入大学英语教学的步骤

第一步,制作和收集微课教学课件。做好微课课件的制作是微课教学模式的基础工作。教师可以根据课前、课中、课后三个阶段的不同学习任务,制作三类微课课件。课前微课有预习准备的功能,课中微课有练习互动的功能,课后微课有复习巩固的功能。教师要根据课前、课中、课后三阶段的不同任务合理有效地安排微课的内容,还要注意微课课件的制作质量。教师可以从网站收集优秀的微课或自行制作微课,每节微课前两分钟左右是趣味导入,吸引学生的兴趣。接着是要点内容,详细而生动地讲解本课的要点和难点,保证学生能把知识点学扎实。微课的结尾处教师可加入热点和流行词来烘托气氛,使学生意犹未尽。

第二步,课前发布微课学习视频。大学英语微课制作完成后,在课堂教学开始之前,教师上传微课视频,要求学生在线或下载观看微课视频,对本课的某个知识点提前学习。学生在观看和学习的过程中,遇到难懂的知识点可以反复点击"暂停""重放"来放慢学习速度,反复操作直至学会。同时,教师要求学生记录学习笔记,针对微课内容写出课堂上准备提问的问题和准备与学生讨论的话题。在这期间,师生可以在线交流互动和反馈,但更重要的是培养学生自主学习和解决问题的能力。

第三步,课上利用微课练习和互动。课上,课堂成为答疑、讨论和共同做练习的场所,教师发挥引导作用,是学习的引导者而不是信息的传递者。首先,学生向老师或同学提出自己在课前学习微课时发现的问题,教师给出解答的同时学生也发表观点和见解。其次,教师要求若干名学生根据自己的课前微课笔记,将所学的知识点向大家做汇报以便了解学生的掌握情况。再次,教师播放课堂微课练习视频,设计练习环节使学生巩固课前学到的知识点,练习的设计要有趣味性,这样学生参与的积极性较高。课堂难点的讨论与互动是必不可少的,教师把微课学习之后值得探究的问题,让学生以小组的形式进行讨论和交流,各组派代表展示讨论结果。最后,教师安排小组进行竞赛和游戏等丰富多彩的活动,学生可以在活动中加深对知识点的记忆,提高学习效率。

第四步,课后利用微课巩固和反馈。教师利用微课布置课后复习巩固的任务,是对课堂学习的有效补充。教师在微课中安排有针对性的自主复习任务和练习拓展,并要求学生在网上完成作业,如需要思考和讨论的问题、英语小作文等。学生完成作业时,教师利用网络对学生的表现做出评价和反馈。学生通过微课作业练习巩固所学的知识,遇到难题可在网上继续与教师和同学交流、讨论、互动。课后的互动讨论和完成作业实现了知识的深度内化,使学生养成了良好的英语学习习惯,还提高了英语水平。

微课时代要求师生的教与学都要与时俱进,随着互联网的飞速发展,微课视频教学取得了显著的成绩,创新了教学并提高了学习效率。微课是传统课堂学习的一种重要补充和资源拓展，为高校英语教师和学生提供了广阔的空间和学习新体验。但微课在教学中仍是新生事物，它的使用和推广还处于探索阶段。在应用微课过程中，教师要明确它的优势，摆正它的位置，用合理而正确的方式使用它，而不是夸大它的作用，反之会影响教学和学习。教师要继续开展微课有效应用的实践研究，让高校英语教学更上一层楼。

第七节　后方法视域下的大学英语教学

英语教学法从过去的"方法时代"一路走来不断发展更新，经过人们大量的探索与实践，早期的传统教学方法由最初的语言翻译法转化为情景教学法，进而发展为听说法，之后又衍生出任务法、折中法和交际法等，这些方法都在一定程度上为外语教育的发展做出了贡献。但是传统的教学方法具有一定的局限性，始终无法使教师和学习者从方法的思维定式中走出来。英语教师大多依赖于外语教学中所谓的"现成的教学方法"，其普遍的教学理念是语言学家和教育学家已制订出的现成外语学习方法，只要按照规定的教学步骤进行课堂教学就会取得成效。因此在教学过程中，教师往往偏好追求优化的教学法，而忽略教学方法与其他因素的相互性。传统的英语教学还缺少对外语教学特殊性的考虑，往往分开看待教师与学生的角色，忽略教学过程中对学生和教师身份的认同与建构，从而导致传统的教学方法在实践中不断显露出局限性，难以满足当代外语教育的发展与进步。

一、后方法时代的到来

多年来，学界一直在努力探索真正适合英语教学的方法和理念，直到 1994 年，美国加州圣荷西州立大学应用语言学教授 Kumaravadivelu（以下简称库玛教授）在其发表的论文《后方法条件：萌芽中的二语/外语教学策略》中首先提出了"后方法"这一概念，旨在"寻求替代教学方法的研究，并非寻求另外一种替代性的教学方法"；并在其后发表的《理解语言教学：从方法到后方法》一书中指出，对于传统的教学方法，人们普遍存在五大认知误区。第一，外语教学必然存在一个学界尚未发现的最优方法。库玛教授认为，在实施外语教学方法的时候需要将学习环境和学习需求等变量考虑进去，故不存在一种面对所有教学领域的最优方案。第二，教学法是语言教学的组织原则。库玛教授认为，这种观点未包括教师认知、社会需求、政治、文化等因素对外语教学的影响，故无法阐释语言教学的复杂性。第三，教学法是普适的[①]。作者认为，不同的教学环境下的学习者以及教师都有其自身差异，这些差异的变化会决定教学法的效果，所以不存在普适的教学法。第四，

---

① 陈爱梅. 人本主义学习理论及对外语教学的启示 [J]. 辽宁师范大学学报，2003（3）.

理论家建构理论，教师应用理论。作者认为这一观点会引起理论与实践的脱节。第五，教学法是中立的，不会受意识形态的影响。作者认为，教学法必然受教学者和学习者的影响，不存在中立的教学法。基于此，在本书中库玛教授提出了一个区别于以往教学法的"后方法"教学法，如三大教学参数以及十大宏观策略。而后，作者又在《全球化时代的语言教师教育》《超越教学法：语言教学的宏观策略》中阐述了后方法的具体内涵，英语教学法迎来了"后方法时代"。

二、后方法教育理论体系

在传统的自上而下的教师培训模式中，实习教师往往处于被动地位，缺少构建自己教学理论的机会。教师培训者通常将已有的教学方法全盘授予实习教师，而忽视了实习教师个体教学经验的重要性。教师培训者和实习教师的知识和经历都应该被重视和尊重，后方法教师培训者的职责是帮助实习教师在反思以往教学经验的同时锻炼教学的自主性，并鼓励他们在教学过程中批判地思考、平等地科研。

（一）"后方法"三大教学参量

库玛教授倡导的"后方法"教学法是一个广义的概念，它不仅包括课堂教学策略、课程目标、评价方式等，还包括历史、政治、社会、文化等直接或间接影响教学的因素。为了帮助教学工作者更好地理解后方法的内涵，库玛教授还构建了一个三维系统，并提出了三个教学参量。

库玛教授提出的第一个教学参量为"特殊性"，指"在特定的社会文化环境中，特定教师在特定教育机构里教授追求特定目标的特定学生"。从教学法的视角考量这一参量，这种特定性"既是目标又是过程"。特殊性主张有针对性地进行外语教学，在考虑到学习者具有差异性的同时，也不能忽视教学环境的差异性，更要重视社会、文化、政治等因素对教学情境的影响。

第二个教学参量为"实践性"。实践性不仅与日常的教学实践有关，更与直接影响课堂教学的指导理论有关，它着眼于教学理论与教学实践之间的关系。库玛教授提出这一教学参量旨在鼓励教育工作者在教学实践中生成教学理论。他认为，只有参与到实践中的教师才能探索并创造出最适合教学的实践理论。理论与实践是处于动态互动中的，要在行动中思考、在思考中行动，这才可以使教师及时发现教学中存在的问题，分析并评估获得的信息，衡量并甄选教学方法，并最终选择出最适合的教学方案，形成批判式的教学理念。

第三个教学参量为"可能性"。可能性参量由巴西教育家保罗·弗莱雷的思想衍生而来。他认为，外语教学工作者与学习者都应关注社会现实，并保持高度敏感性，不能忽略社会、政治、文化因素的影响。可能性主张在教学实践中重视教学双方的个人教学或学习经验，避免将外语教学仅仅局限于在课堂内讲授语言功能知识。此外，可能性参量鼓励教学工作者利用学习者自带的社会文化意识，从语言和社会两方面出发进行教学实践。

"后方法"超越了传统意义上的"具体教学法"的概念，不再着眼于某种具体的教学方法，也不追求所谓的"最佳教学法"，而是转而关注创新教学思想，大胆突破以往的教学定式，使教育工作者更注重不同个体的需要，进而灵活地调整课堂教学内容和方法，更高效地进行教学活动。

（二）"后方法"三种角色定位

从本质上来说，后方法强调的是对教学情境的敏感性，这就要求不同的教学活动参与者扮演好不同的角色。库玛教授重新界定了在后方法视域下的学习者、教学工作者与教师培训者的角色内涵。

后方法学习者具有高度的自主性，不再依赖于他人，而是构建属于自己的学习策略并识别出自己的学习风格。他们具有合作精神，善于与成功的语言学习者交流学习方法和学习心得，并辩证地改善自己的学习策略；他们通过监督语言学习的过程及时评价自己的学习策略，定期进行自测来发现学习问题；他们不再满足于获取课堂的知识，而是通过其他各种渠道积极拓宽自己的知识面，比如去图书馆或学习中心。

像后方法学习者一样，后方法教师同样具有自主性，有一定的能力和信心构建并贯彻他们的教学实践理论，其可以把握教学环境的特殊性并且接受社会政治条件的可能性。教师自主和教师赋权是后方法的核心理念。基于这种理念，接受培训的教师不再拘泥于某一具体的规定性教学方法，而能以三大教学参量为导向进行教学实践，在实践中总结教学经验并回归到教学实践中，并且能够通过教学实践对实际教学过程中出现的各种教学问题进行分析，及时调整教学方式。后方法教师的角色由传统意义上知识的传递者或理论的执行者转变成了实践者、研究者和理论创造者。

综上所述，特殊性参量反对预设教学原则，转而关注具体的教学情境，以理解实地语言、社会文化和政治的特殊性为目标；实践性参量反对人为地将理论家与教师截然对立分开，倡导教师与理论家一体化；可能性参量反对将语言狭隘地限制于课堂教学中，鼓励学习者在外语课堂中寻求身份认同。这三个教学参量相互补充，对教学工作者的教学活动具有深刻的指导意义。

（三）"后方法"宏观策略框架

为进一步解释后方法在实际课堂教学中的运作机制，库玛教授又进一步总结了十个具有连贯性和生成性的宏观教学策略框架：①学习机会最大化：教育工作者要为学习者创造学习机会，适当介入；②意图误解最小化：将教育工作者与学习者之间产生误解的可能性降到最小，避免出现教师的教学意图被学生错误理解的情况；③促进协商式互动：教育工作者应引导学习者与自己进行课堂互动，鼓励师生间的交流与合作；④培养学习者的学习自主性：教育工作者要重视培养学习者自主学习的意识，养成自主学习的习惯；⑤培养语言意识：教育工作者应关注学习者对语言的敏感度，包括对语言的结构与功能的学习；⑥激活启发式教学：教学工作者应避免直接教授学习者语法规则，而要引导他们进行总结与推理；⑦语言输入语境化：教育工作者要使学习者意识到社会文化因素在语言学习及应用中扮演着重要的角色；⑧整合语言技能：教育工作者应培养学习者的语言综合能力；⑨确保语言教学的社会相关性：教育工作者在关注语言教学的同时，也要涉猎社会、政治、经济、文化方面的知识；⑩提升文化意识：教育工作者要重视学习者不同的文化知识背景，将其利用到课堂的实际教学之中。

三、后方法对我国大学英语教学的启示

第一，教育工作者要突破传统教学方法的思维定式，不再局限于某种具体的教学方法，而是根据学习者的差异性不断调整自己的教学策略。后方法理论框架强调教师与学生的互动，通过与学生的交流及时获得教学反馈找到教学中的缺点与不足，依据实际的教学情况设计出具有个性化的教学方案，丰富学生的课堂活动，以学生为主导，摆脱教学法的束缚，灵活教学。

第二，教育工作者要创新自己的教学模式，避免传统教学法理论与实践的脱节以及教学与教师之间的失衡。教学不仅是学习的过程，更是创造的过程。教师作为教育工作者，在教授知识的过程中不仅要为学生创造学习机会，也要引导学生在学习中进行创造，将每个学生看成独立的个体，在考虑到其个体差异性的前提下，充分发挥学生的主观能动性。在教学过程中，还应将学生的个体所需纳入教学计划与课程安排的考量范围，在了解学生的知识水平和学习目标的基础上，根据相应的教学大纲和教材等来制订课堂教学计划，对不同水平的学生有针对性地设计有梯度的教学内容。

第三，教育工作者应积极寻求课堂内的角色转换。随着多媒体技术的不断更新和互联网的不断发展，课堂的组织形式不再单一化，越来越多的科技手段被应用到外语教学中，多媒体课堂为外语教学增添了活力，教师与学生的互动更加紧密。教师从传统意义上的课堂组织者、领导者与教学者变成了学生学习的引导者与启发者。教师与学生是一种新型的合作关系，一起学习、一起进步。

第四，教育工作者应适度将文化引入教学，培养学习者的跨文化意识。语言作为文化的载体，除了是学生获取知识的桥梁，更重要的作用是传播文化。因此，教师应重视对学生进行与教学有关的语言文化的输入，让学生了解蕴含在语言背后的国家人文、历史事件和风土人情，在文化的熏陶中进一步感受语言学习的魅力，进而增加语言学习的趣味性与

主动性,让外语课堂教学不再枯燥乏味,使学习变得更加立体生动,减少因文化差异而导致的语言理解障碍,提高学习成效。与此同时,还能够拓宽学生的全球化视野,使其多元文化意识和跨文化交际能力得到显著提升。

第五,教育工作者应注重培养学生的自主学习意识和能力。在初级阶段,学习者对于外语的学习需要教师的大量帮助与介入。但是随着学生英语水平的提高,学习者的外语知识达到了一定的水平,具备了自我学习的能力。此时,教师应转而关注对其学习自主性的强化,使学生能够在外语学习的过程中积极主动地探索适合自己的学习方法与策略,更能够树立切实的学习目标并合理安排学习进程,树立自主学习和终身学习的观念。

第六,教育工作者应关注外语学习与运用的语境。语境对于语言的习得至关重要,语言环境的缺乏会直接影响语言的输入,并制约英语学习的效果。一方面,教师应将后方法的参量转化为微观教学措施,努力建构"自然与真实的"语言环境,通过开展形式多样的语言活动来创设语言环境,使学习者在双语言交际中实践对语言的理解与运用,帮助学习者发展语言综合技能,丰富并优化外语学习策略和模式,在真实互动中强化语言思维。另一方面,学习者也应积极锻炼自身学以致用的能力,利用好现代化外语学习的资源和条件,寻求外语输出的机会。

第七,改革教师培训模式,以培养实习教师的自主性与创新性为导向。负责教师培训的相关人员应培养实习教师对当代教育改革的敏感性,辩证地看待教育的发展与变革,让实习教师自由地表达思想、分享经验,并与他们共同探讨关于语言学习与教学的心得体会;鼓励实习教师进行批判性思考,把个人平日积累的知识和专业知识结合起来;平等搭建研究平台,与实习教师共同进行科研活动,而不再将实习教师看成研究的对象。

后方法是对传统教学方法的超越,它将教学工作者从方法至上的思维定式中解放出来,不再像以前一样拘泥于某种教学法,而是在教学实践中给予他们更大的发挥空间,使他们具有更高的自主性和创造性,也使得外语教学更加个性与灵活。虽然库玛教授为教育者提供了一个"后方法教学"的指导框架,但是他实际上并不主张教师完全照搬自己的理论,而是鼓励他们批判性地进行学习与借鉴,在实际教学中探索出适合自己的教学方法,勇于创新,学会针对具体的教学环境、课程目标和学生个体来选择相应的原则指导自己的教学活动,并阶段性地从学生的反馈中进行动态的调整和优化处理,这样才能形成良性循环,使教师和学生共同进步,进而取得最佳的教学和学习效果。

第八节　大学英语教学课外延伸的实证

随着经济全球化的日益发展，世界交流往来的日益频繁，社会对非英语专业大学生的英语水平要求也越来越严格，这也是我国大学英语教师在教学工作中的重点教学内容之一，现阶段大学英语教学中大学英语教师仅仅围绕着大学英语教材进行教学，已经满足不了社会的发展需求，如何转变大学英语教学模式，是大部分大学英语教师面对的主要难题。大学英语教师应改变传统的教学模式，使学生不仅在课堂中收获英语知识，也要在课外积极进行英语知识的延伸，使大学英语走出课堂，提高大学生的英语能力与英语水平。

在我国非英语专业的大学英语教学中，学生获取英语知识的途径仅限于老师的课堂教学，大学英语方面的学习也仅仅是听、说、读、写、译等五个方面的学习，而过多地设计教学模块，也仅仅是对英语课程本身的加重，由于受大学课程表、上课时间等因素影响，大学英语课程的学习根本达不到教学目标的要求。针对这一现象和问题，本节主要以大学英语教学课外延伸的实证进行以下几点分析。

一、现阶段大学英语教学中存在的实际问题

大学教师在对非英语专业的大学生进行教学时，以下问题的存在使得大学英语教学仅仅依靠课堂教学教授学生听、说、读、写、译五个方面，不仅对大学英语教师是一个严峻的考验，也是大学生面临的难题。

（一）大学英语课程安排课时过少

根据笔者实际走访调查的情况，在我国大学英语的课时设计中，由于大学是学生重点学习相关专业知识理论的阶段，从而大学英语课时设计相对要少得多，针对非英语专业的学生课程，各个高校每周的英语课程大概1～2堂，这样的课程安排，想让教师在有限的时间里培养学生听、说、读、写、译五个方面的各种英语技能，实在是很艰难，而且由于学生的英语水平普遍不一致，对英语的理解和运用能力不同，就会增加教师的教学难度。在大学英语教学中，课堂教学任务有很多，不能在仅有的时间内将英语教学内容都学完，这就需要学生利用课后时间来完成，由于大学生没有教师及时进行督促，使得学生课后完成情况非常不好，这也是现阶段英语教学中存在的主要问题之一。

（二）大学生英语课堂教学没有英语语境氛围烘托

在非英语专业的大学英语教学期间，学生接触英语语境的时间非常少，仅仅是在大学英语课堂中，教师在教学中说的英语口语，或者是教师播放的英语语音、视频等，给学生营造英语语境氛围[①]。但是，这一点英语语境是远远达不到英语语境效果的，为此教师需要在课后让学生借助其他手段，从而培养自身的英语语境和英语语感，只有在良好的英语语境氛围中，才能使学生真正地锻炼自己的英语水平，英语日常教学中还可以让学生了解更好的西方文化，从而激发学生学习英语的兴趣，为学生自身发展带来好处。

（三）大学英语课堂教学模式过于枯燥乏味

大学英语教师在日常授课中，常常运用单一的教学手段，使学生不能更好地融入英语学习中，过于枯燥的课堂气氛，也激发不了学生学习英语的兴趣。由于大学课堂的特殊性，大学生正处在大学解放时期，没有人管理，使得学生对大学英语课堂失去兴趣。在大学英语教学中，常常会出现学生逃课等现象，这些都是现阶段大学英语课堂学生兴致不高的主要表现。

（四）大学生普遍不重视英语

我国大学主要是对学生进行专业学科的教学，让学生掌握专业学科的相关知识，而非英语专业的大学生，由于对英语学习的兴趣普遍不高，且自身常常有这样的错误想法，认为学好本专业相关知识就好，其他学科根本不重要，这在很大程度上限制了学生学习英语的兴趣；还有很多学生没有意识到英语学科的重要性，总觉得学习英语就是浪费时间。而学校自身为了提高学生专业水平，英语课程的安排相对减少。很多学校也会出现，非英语专业学生通过大一一学年的学习，大二就将英语学科取消，加强本专业的专项练习，学校自身没有充分认识到英语的重要性的现象，从而导致学生没有更好地认识到英语的自身价值，等学生步入社会，认识到了英语的重要性时却为时已晚。

二、大学英语教学的课外延伸从哪几个方面入手

针对上述问题，大学英语教师应该积极想出解决对策，从而加强培养学生学习英语的能力。第一，大学英语教师要在日常教学中积极地对教学内容进行相关的课外延伸，使教学内容不仅仅局限于课堂教材中，让学生在学习教材知识的同时，还能使自身英语水平得到提高。例如，学生在学习"现代英语发展之路"时，教师不应该仅局限于课本内容，教师在介绍现代英语发展之路的同时，还可以融入各个国家的文化传统，这不仅有助于学生

---

① 王健芳. 外语教学改革与实践[M]. 南京：南京大学出版社，2016.

学习到新的词汇，还能提高学生对英语的兴趣爱好。第二，大学英语教师可以向同学介绍一些相关的英语书籍或电影等。大学英语教师不仅要在课堂上延伸教学内容，还要针对学生日常生活进行英语课外延伸，让英语融入学生的生活，让学生更好地感受生活处处有英语，英语处处体现在实际生活中。例如，大学英语教师可以介绍意义深刻的英语电影，如《阿甘正传》《当幸福来敲门》等优秀英语电影，让学生的生活环境在充满英语语境的同时，还有助于加强对学生思想观念的洗礼，对学生学习西方优秀的传统文化有积极作用。第三，大学英语教师利用大学生业余时间，建立一个英语学习讨论组，大学英语教师应该运用现代科学技术，使英语课堂教学积极地与现代科学技术联系在一起，使大学英语教学与时俱进，讨论组可以让学生在畅所欲言的同时，便于大学英语教师实施英语课外延伸，给大学英语课外延伸创造有利条件。在讨论组中，大学英语教师应该对大学生进行英语管理，在讨论组中开展有意义的英语活动，在提高学生参与热情的同时，提高学生的英语学习兴趣，使学生的英语水平得到显著提高，对学生日后发展也能起到推动作用。

本节分析总结并综合了大学英语教材的评价结果，并对我国大学英语教学的内容和模式进行了论证。在大学英语有限的知识容量内，教材无法涵盖和呈现所有的词汇，以及当今各高校的教学模式与教学目标的达成相距甚远，以至于学生的英语水平没有得到较大的提高，而大学英语教学课外的延伸是解决大学英语教学模式的一剂良方，高校须建立大学英语词语库并开发相关软件供学生使用，使英语教学拓展到课外，使学生按自己的实际需求选择学习内容和学习方法，从而提高学生的自主性，提高学生自身的英语水平。这对学生来说是英语水平的提高，对高校来说是品牌效应的提升。

第九节 大学英语教学中的翻转课堂

翻转课堂是近年来运用较广泛的教学模式，将翻转课堂引入大学英语的教学之中，能够激发学生自信、培养学生自主学习能力、增强学生的英语综合能力。本节依据翻转课堂理论，结合大学英语的教学需求，提出了翻转课堂运用于大学英语教学中的策略建议，以期对翻转课堂的教学实践提供理论借鉴。

一、翻转课堂的基本概念

翻转课堂的基本内容是为学生提供教学视频、学习课件、课程相关资料等资源，让学生在课前先行预习，这样原本在课堂上进行的课程讲解部分被挪至课前，而课堂上的时间则由老师与学生开展互动，学生提出自己的看法、问题，学生之间进行讨论，老师对学生进行辅导，为学生答疑解惑。这样一种先学后教的模式，正好颠倒了过去课堂的教学安排，由此形成了翻转课堂的教学模式。

二、大学英语教学运用翻转课堂的必要性

（一）翻转师生角色定位，激发学生的学习自信

在传统教学模式中，教师需要在有限的时间、固定的场所进行知识传递，这是一种以教师为中心的教学模式，教师掌控教学的主控权，具有权威性。而学生在这个过程中，扮演着跟随教师讲课节奏、服从教师教学安排的角色，处于被动学习的地位。而翻转课堂正好翻转了师生的角色定位，教师赋予了学生自主学习的权利，学生可以自行选择时间和场所进行学习，最大限度地满足了个性化需求。教师在课堂上的角色也从知识传递变成了引导学习、答疑解惑，鼓励学生在课堂上发表自己的见解，提出自己的问题，这大大增强了学生的学习自信，教师在课堂上的辅助性教学也可以成为学生自主学习的补充。

（二）满足学习需求个性化，增强学生自主学习能力

传统的大学英语教学模式是"课堂教学＋课后作业"，在课堂上，学生是被动地接受教师所灌输的知识，知识的内化过程留于课后的作业阶段来完成。这样的教学方式对于学生而言是平均受力的，英语水平较高的同学可能感觉太过简单，而英语水平较低的学生可能感觉跟不上，也就是统一的教学方式无法满足能力层次不同的学生的需求。但翻转课堂能够解决这一难题，教师在布置学生课前学习任务时，可以进行任务分层，在提供基础教学课程之上，再设计一些更具挑战性的资料供有需求的学生学习。在课堂分组讨论上，也可以就学习水平来分组，或者将学习过附加材料的学生编为一组，这样同一水平或者学习过同一资料内容的学生在讨论时能够更加对等、融洽，教师在辅导各组时也能更具有针对性。这样的模式能够让学生自主安排学习内容、掌控自己的学习进度，最大限度地提高学生的自主学习能力[①]。

（三）增强学生的综合能力，提前适应现代社会

在大学英语教学中，学生的综合能力尤其是听说能力一直难以得到提高，传统的听力课程大多是在机房进行听力题目的训练，而口语课很多大学并没有安排，即使安排也顶多一周一节，能让学生进行口语锻炼的时间很短。在翻转课堂的教学模式下，教师可为学生提供听说材料，包括英语影视剧、外教视频、英语听力材料等，帮助学生建立更好的语言环境。在课堂上，教师也能够通过视频场景，让学生完成分组的听说任务，创造出一种"众

---

① 孙立伟.对数字化教学资源建设的思考[J].新西部，2007（12）.

人说众人听"的教学氛围。学生通过在课前的自主听说，在课堂上的互动交流，加之教师的辅导和纠正，提高他们的英语交际水平，锻炼他们用英语表达和解决实际问题的能力，为适应现代社会的英语社交做好准备。

三、大学英语教学运用翻转课堂的策略建议

（一）课前学习资源的设计与学生自主学习

1. 依据教学目标和学生特点设计课前学习资源。在翻转课堂的教学过程中，课前需要学生完成一定的学习任务，教师应该根据大学英语的教学目标以及学生的特点和需求进行课前学习资源的设计。教师对学习资源的设计，要遵循大学生英语课程每学期的总目标，在教学大纲的基础上，确定每一节课或者单元的教学内容、知识点，根据学生的英语运用能力和英语文化素养的考察范围等，编制一个基础的教学方案，依据这个教学方案来设计每一堂课的课前学习资源。同时，教师还要充分考虑学生个性化的学习需求，评价不同学生的自主学习能力，依据考试测评的要求，设计出能够保证学生达到考评基本要求的基础性学习资源，再附加上具有一定难度和挑战性的学习资源，尽量让每个学生都能获得与自己能力相匹配的学习资源。

学习资源主要有与课程相关的教学视频、课件、文本材料、听说材料等，其中视频应是最主要的形式，视频能够从视觉、听觉上全方位地刺激学生的感官，帮助学生更好地吸收领悟学习的知识点。供学生课前学习的视频，可以选择名师、大师的讲课视频，也可以选择一些网校、在线课堂的视频，当然也可以由本校老师组成一个教研团队，依据本校的教学需求和学生特点，自制教学视频。视频的时长宜控制在20~30分钟，保证学生在观看视频时能够集中注意力，每个视频都应囊括大学英语教材的基本知识点，完成原本由教师在课堂上所进行的知识传递过程。

2. 以任务教学法为宗旨让学生自主完成课前预习。课前预习是翻转课堂教学模式中的首要环节，要保证学生认真完成课前预习，就要在预习环节给学生布置一定的任务，让学生以完成任务为目标进行学习。教师应遵循"任务教学法"，把教学大纲上结构化的知识点化解为具体的、可解的问题和练习，这样就给学生的预习活动增加了任务。学生在解答问题、完成任务的过程中，也就抓住了学习的主要知识点，对知识点的掌握也更加扎实。同时任务型学习模式也是对学生的约束，教师可以将课前任务的完成情况计入评价体系，监督学生确保完成课前预习。

在任务型的学习模式下，每一堂课或者每一个单元，都以让学生完成任务为教学目标，每个任务都是围绕着教学大纲的基本要点，比如学生应该掌握的词汇、语法、基本会话等内容而展开的。因此课前预习的任务设计要形成模块化，把每一节课或者同一单元的课程

组成一个主题模块,再分割成若干个小的模块,设定同等级或者递进等级的任务,这样能够让学生循序渐进地完成学习任务。主题模块的任务分配模式还有一个好处,就是可以借助主题找到更多相关的资源,让学生利用课余及碎片时间来学习,并能依据主题进行课堂活动的设计,形成课堂的主题讨论、主题活动。

(二)课堂精讲、活动与师生互动

1.教师应该用10~15分钟的时间帮助学生回顾课前预习的内容,对课程的学习要点进行提炼,重复和强调学习的重点、难点。同时,教师还要依据学生的课前学习任务完成情况,找出大家普遍会犯的错误,疑虑较多的地方,或者具有代表性的一些问题进行集中的精讲。这个过程尽管还是以教师的知识传递为主,但在翻转课堂上尤为重要,教师通过精练地、总结式地对课前学习内容进行概要讲说,一方面帮助学生进行一轮复习,让学生的知识点进一步得到巩固;另一方面也让学生学习如何进行知识点提炼,如何让所学知识在脑中形成一个具有结构性、层次性的体系,帮助学生对知识点的内化和吸收。

2.在精讲完学习内容之后,教师可以布置一些课堂活动,让学生进行分组互动。这个环节教师应赋予学生一定的自主选择权,让学生依据感兴趣的主题进行分组,同时考虑学生的不同英语水平,尽量设计不同学习难度的活动,让希望挑战自己的学生自行形成一组去完成难度较大的活动。每个小组,都应分配一个子任务,以培养学生独立思考、相互协作、解决实际问题为目标,让小组成员共同完成这个子任务。一般而言,每个小组都应设定一个组长作为负责人,由他进行组员活动的统筹安排。小组活动应当依据课程主题的不同来进行设计,譬如这堂课的重点在于培养学生的英语会话,那么小组活动就可以围绕几个会话场景,组员之间进行英语会话演练。如果课程重点是英语思维的训练,那么小组活动可以让组与组之间开展英语辩论。如果是对词汇、语法这些基础性内容的考察,那么小组活动可以切换成相互探讨、相互测试、相互评价的模式。在完成小组活动之后,应该形成活动的成果展示或者活动评价,这个环节可以由小组负责人来阐述,也可以依据成员间的互测、互评结果来公示,或者通过组与组之间的竞赛来形成结果。总之,这个结果展示或评价应该由学生来完成,目的是让学生学会自我总结,从而巩固所学知识。

3.在课堂互动环节中,教师应进行穿插的辅导和答疑,对学生活动进行及时评价,对课堂氛围进行调度,要掌控课堂活动进度,对偏离教学目标的活动及时调整纠正。教师与学生的互动可以是一对一的,也可以针对一个或几个小组,如果带有普遍性的问题,可以在全班进行统一讲解。互动的形式可以是解答疑难问题,对作业或任务的辅导;也可以是对学生活动的一些纠正,如不标准的语音语调、错误的句式用法、时态运用不当等;还可以是对学生的一些提高,如引导学生用更加地道的用语、用英语思维来表达等等。教师与学生的互动,能够针对学生的学习兴趣、学习困难、掌握情况来进行指导,更具有针对性,也能让学生的个性化学习需求获得满足。

(三) 课后评价

在翻转课堂中贯穿着大量学生的自主学习，因此评价体系应该更具有监督与约束的功能。与往常的作业、考试评价不同，翻转课堂的评价应该渗透到课前、课中、课后多个环节之中，既要包含形成性评价也要有结果性评价。评价的主体除了教师之外，还要有学生自评以及同学互评。评价的内容应该包括自主学习能力、小组协作能力、英语听说能力、思辨表达能力、书面写作能力等多项能力，以及课前预习、课堂活动、课后作业的完成质量，从学生对待学习的策略、态度、效果等诸多方面进行考量。翻转课堂的评价应该是多维度的、多形式的，目的是帮助学生了解自己的英语学习情况，鼓励学生自主评价、自我总结，实现翻转课堂中教与学的共同进步。

第十节 反思大学英语教学价值取向

当下大学英语教学成绩在令人欣慰的同时也有一些令人纠结的问题。其中"费时较多，收效较低"成为当前很长一段时间我国高等学校大学英语教学的代名词。据不完全统计，大学里绝大部分非英语专业三分之二以上的学生投入整个大学期间三分之二还多的时间学习英语，大学英语教师在各专业教学人员中数量最庞大，教学也执着认真，大学领导都极为重视大学英语教学，但大学英语教学的现实情形是：学生抱怨没学好，老师费力不讨好，领导压力也不少。因为一旦面对活生生的英语世界，真正进行思想沟通，表达意愿的英语语言能力往往力不从心，经常发生令人啼笑皆非的误会，令人唏嘘不已。这些问题，足以引起大学英语教学理论和实践重大而实际的思考。有专家从理论的高度研究认为这是母语与英语之间的正负迁移现象所致。"语言差异、文化差异越大，正迁移越小。……对歧义部分的理解主要依靠阅读者的背景知识和个人经验。一些研究和实验结果显示，由于文化背景的不同，阅读理解上的错误往往呈现出系统性，即不同的文化背景，不同的期待心理和价值尺度、不同的语言思维模式、不同的语言修辞习惯，都会导致语言信息理解上的差异。"

一、反思与教学的关系

"反思"（reflection）是人类认识史上具有界碑性质的哲学范畴，是人的思维的反观自照，是一种对事物开展思维的思维。其意义在于对过去发生的事情进行一种深刻的有意义的思考，以便从中吸取经验与教训，特指人们内省般的一种思考。英国哲学家 J. 洛克认为反思是"离开感觉形成内部经验的心灵活动"。黑格尔把反思说成是"后思、反省、返回"之义。孔子的"吾日三省吾身"中的"省"更多是指道德层面上的反思。"教然后而知困，学然后知不足"，则是教学反思的最好诠释。

具体来说，教学上的反思是教师以自己的教学活动为思考对象，对自己的教学行为、决策以及由此产生的结果进行审视和分析，并据此采取相应对策的过程，它是一种通过提高参与者的自我监控能力来促进专业能力的途径。即教学要从不同的角度对教学各层面做积极性思考：深思过往的此教学对彼教学的影响，它可以是教学任务等方面的基本反思，可以是超越本课堂教学的发展性反思，也可以是对教学意义及本质的深层次反思，还可以是横向的、纵向的、个体的、集体的、学生的、教师的、教材的、效果的等方面的反思。最先引进反思于教学过程的美国哲学家、教育家杜威的解释是："对任何信念或假定的知识形式，根据支持它的基础和它趋于达到的进一步结论而进行积极的、坚持不懈的考虑。"中国著名教育家叶澜先生也论断说："一个教师写一辈子教案不一定成为名师，如果一个教师写三年反思可能成为名师。"换句话说教学反思能成为教师优秀与否的一种衡量标准。反思的能量也的确巨大惊人，战争的反思促成了和平的到来，贫穷的反思带来了改革开放，苹果落地的反思发现了万有引力，教学的反思产生了众多的教学理论流派、教学方式方法、教学价值取向等等。

反思正式运用于教学理论与实践的贡献归功于《反思实践者：专业人员在行动中如何思考》一书重大而持久的影响。"在书中，斯冈认为反思性教学是教师从自己的教学经验中学习的过程，反思性教学的问世是对将教学改革简单地贴上成功或失败标签的超越。"我国学者熊川武教授认为："反思性教学是教学主体借助行动研究，不断探究与解决自身和教学目的，以及教学工具等方面的问题，将'学会教学'与'学会学习'结合起来，努力提升教学实践合理性，使自己成为学者型教师的过程。"美国教育心理学家波斯纳把教师的成长过程与教学反思结合起来，极力证明教师的成长公式为"经验＋反思＝成长"，并严肃指出"20年的教学经验，也许只是一年工作的20次重复；除非……善于从经验反思中吸取教益，否则就不可能有什么改进"。其实，中国俗语"当局者迷，旁观者清"可以为反思做最好的注脚，西方"我思故我在"的哲学之问也能最好地诠释反思与教学的紧密关系，假以反思的方式，完全可以演绎而达致"我思故我行""我思故我能""我思故我新"的崇高教学境界。

不能忽视的是教学反思含教与学两面，"教"的反思专指教师对自身教学活动的全程反思，大至宏观的教学价值取向，中到中观的教学方法手段，小到微观的教学语言细节，都需认真分析出现的情况，仔细斟酌解决的办法，紧紧围绕改进教学方式，提升教学质量的中心主题开展反思。"学"的反思专指学生对自己在学习过程中的反思。一方面教师可以协助学生尽可能及时地反思他们的学习状况，探索可以改进提高的学习方法，制订确实有效的保障措施。另一方面学生本人因有自己学习的体验，更要客观地、不遗余力地善于剖析反思自身可能存在的症结，以便顺利找到行之有效的解决之法。特别需要提出的是，教学是教与学的双边活动，所以全力深化师生双方互动的教学反思定能促使教师重新审视、深思、构建完善的教育教学理念，改进教学过程，定能帮助学生重新梳理、树立、形成良好的学习行为习惯，提升学习效益。一句话，有效的反思可以让教与学尽力避开弯道，全速直奔教学效益大道。

二、反思与大学英语教学价值取向的关系

教学的价值取向（teaching value orientation）是指教师高举什么样的教学旗帜，采取什么样的教学理念，运用什么样的教学意识并把他们一一贯穿于整个教学过程。教学历史与实践已经反复证明，什么样的教学价值取向必然导致什么样的教学结局。正如围棋在布局之后，能基本预示本局棋赛的最终结果一样，虽有变化，但一旦方向明确，基础确定，棋力如此，无力回天。所以教学价值取向之反思就是借用反思的手段，突破忽视教学价值取向的瓶颈以及消除不能有效提高教学质量的教学价值取向，找寻科学、合理、明晰、实用又能与提升教学质量相匹配的教学价值取向，即在教学实践中应当是如何的教学价值取向才能更有效地解释教学过程中的一些现象和解决教学中存在的问题，从而整体提高教学效益，实现教育目标。

对于大学英语教学而言，大学英语教学价值取向反思也就是大学英语教师提高自身专业素质与教学能力进而改进教学效果的手段与方法的反思。其反思目的的实质就是如何提升大学英语教学效果和教学质量，使大学英语教学符合英语习得规律，让大学英语教学适应社会和经济的发展需要。所以大学英语教学的价值取向并非海市蜃楼而是实实在在的存在，并深刻地影响着教师的教育理念与教学行为。大学英语教师不能终日只忙于应付日常英语教学事务，成为"只顾埋头拉车，不知抬头看路"的一般车夫，那样势必会失去教学的"前进"方向，势必导致无暇学习英语教学法理论，忽视国内外英语教学动态，放弃反思自己和他人的英语教学经验与教训，轻视自己和他人的大学英语教学价值取向，逐渐抛弃英语语言习得规律，固执自己的教学思维与模式，反对自己不习惯的教学改革，一味地满足于完成一般的课堂教学任务，陶醉于学生英语考试成绩的提高，沉迷于学生表面化的英语知识水平，忘却学生英语语言能力的真正意义。这一切自然延伸的恶果必将严重造成大学英语教师的教学方向与教学价值取向的迷失，这样的大学英语教师充其量只能成为英语"知识的机械传送者"，照本宣科的"教书匠"，或者哗众取宠的"优秀教师"，而不能成为锐意进取、教有所获的学者型、专业型、能力型教师，无法从根本上完成好大学英语的教学任务，实现大学英语的最终教学目标。

从这个意义上说，大学英语教学价值取向的反思就是让英语教师紧贴自己当前教学工作"宏观""中观""微观"的各式各样教研活动，集中反思如何让大学英语教学价值取向符合客观教学实际，让教学效益落到实处，即在教学实践中发现问题，通过思考、计划、实践和评价，寻求解决问题的办法，继而找到并实现正确的大学英语教学的价值取向，亦即通过这样的大学英语教学价值取向，使学生的英语综合能力，即学生获取英语新知识的能力、分析和解决英语问题的能力以及使用英语交流与合作的能力得到加强，最终使学生实际英语应用能力的全面性、整体性、综合性得到提高，而非仅仅是英语知识记忆的炫耀者、搬迁者、累积者。

当前，可喜的是众多学者对我国大学英语教学的价值取向之反思已取得一定的研究成果，如应试性取向、工具性取向、人文性取向、知识性取向、素质性取向等，且在教学实践中有了突破性进展，有些获得了一定的成效，具有教学改革与创新的实践性与指导性意义。虽然这些研究成果从不同角度、不同层次、不同性质对我国大学英语教学的价值取向进行了积极反思，提出了一些真知灼见。但是教师和学生对语言内在的、自主自觉的教学意识以及对学生把握英语语言的真实意义还不甚明了，关注度与理解度还不够，特别是对语言（尤其是英语）的教与学缺乏理论和实践在教学价值取向上进行双重反思。大学英语教学满足于将学生训练成为现代科技社会发展所需要的工具性英语人才，很大程度上忽视了语言学习具有人文性特征的一面，进而使得大学英语教学演变成了应试教育的急先锋，蜕变成了难以实际运用英语"费时低效"的代名词。分析其成因就是罔顾大学英语教学价值取向的研究和应用，偏离英语语言习得规律，在不恰当的大学英语教学价值取向上渐行渐远。

其实大学英语教学的价值取向的终极目标应该而且只能是学生整体英语运用能力的全面提升和学生生命的健康成长、精神的完全豁达。从这里可以看出，大学英语教学价值取向的反思不仅是一种教育教学理论上的研究性手段，而且是取得大学英语教学实际成效的方法论手段。所以，反思大学英语教学的价值取向不仅是必要的而且是急迫的，应该成为必须立即抓紧抓好的一件教育教学上的大事。

三、反思与大学英语教学"内容依托教学"的关系

内容依托教学（Content-Based Instruction）可以概括为"内容为基础的教学"，或"内容教学与语言教学目标的结合"，Richards & Rodgers 将其定义为"CBI，二语习得的方法，它是一种语言与内容有机融合的外语教学模式。它不是围绕语言大纲或其他形式的大纲而组织的教学，而是围绕学生即将学习的内容或信息组织的教学"。"它把教学重点从语言学习本身转移到通过学习学科知识来学习语言。"因此，这样的教学是把教学目标设定为：内容与语言的双结合，达到一箭双雕的教学效果。

"内容依托"教学并非自主创新、标新立异的教学新理念,早至公元389年,奥古斯丁(St.Augustine)就明确提出了语言教学必须以有意义的内容为中心的观点。之后几经变迁,不断演绎,不断引起教师及教育研究者的重视和支持。我国也可追溯到19世纪60年代洋务运动时期,京师大学堂大量采用原版的国外经济、科技、文化教材,聘请大量的外籍教师,培养了不少至今还言犹在耳的外语优秀人才。

　　之所以坚持"内容依托教学"的反思,尤其坚持把其运用到当今大学英语教学上来,不仅历史证明了其生命力,更重要的是其根源在于"内容依托教学"的价值取向遵循了语言的习得规律,因为语言与内容相互依存、密不可分,世界上不存在无内容的语言,也不存在无语言的内容。"具体地说是语言和学科知识的同步学习,即内容材料支配下的一系列语言介绍与学习。语言课程围绕学生的学术需要和兴趣,跨越语言与学科内容课程之间的障碍。学习者能够最终使用目标语;它建立在学习者以往的学习经验之上;它通过语境,而不是通过零散的句子层面正确的词语使用来教授语言;通过使学习者接触有意义的语言而为学习者的第二语言学习提供必要的条件。"放弃这样的教学反思与教学运用,实际上就是违背语言与内容的辩证关系,让教学成了无水之源、无木之林,使得我们最近这些年来的大学英语教学问题频发,效益极低。

　　同时,"内容依托教学"大学英语教学价值取向必须符合五个基本原则:"第一,语言学习应该与学习者对语言的实际使用相结合;第二,语言课堂中引入学科内容有助于激发学生学习语言的动力,从而提高学习效率;第三,有效的语言教学应该将学习者当前的语言能力与他们的学习经历、学科知识以及学习环境相结合;第四,语言教学应该针对语言在特定场合的使用,而不仅限于句子层面的用法;第五,在理解专业内容的过程中,学习者的语言与认知技能也得到提高。"

　　上述每一点都让大学英语教学的价值取向可以实际落实在语言内容、语言教学、语言学习、语言意义、语言能力等方面,不至于导致教学价值取向实际操作的虚化和语言教学过程的规律偏离。为此,以语言与内容整合的"内容依托教学"模式实则是五种必须体现的总结性描述,即必须体现语言学习是以实际提升语言应用能力为尺度,体现在教学内容上既能激发学习动力又能增强学习成效,必须体现在教学方式上高效结合学习者的过往经历和现实水平,必须体现在语言教学效益上适用不同语言环境,必须体现在语言应用上语言知识和能力的双重提升。所以"内容依托教学"原理套用数学公式来阐述的话,可以是:有意义的教学内容+语言教学+包容的教学技能=语言学习者的语言能力+认知能力+综合素质。

　　目前国外对"内容依托教学"的研究已经取得了不少成绩,且很多国家都在大力践行这一教学理念于他们的实际教学中,他们培养出众多实际能操用多国语言能力人才的事实,足以提示我们对"内容依托教学"加大反思力度不仅是必要的而且是急迫的。事实上我国从清末到 20 世纪 50 年代之间也基本沿用此法培养出了众多杰出语言人才，如语言翻译大师：严复、鲁迅、林语堂、傅雷、钱钟书、王佐良、季羡林等等。但是我们还是发现国内对此行之有效且符合语言习得规律的教学价值取向的研究似乎还稍显不足，表现为理论与实践两方面均缺乏有分量的研究成果，尤其是对"内容依托教学"理念缺乏正确的认识，对其研究价值和应用价值在外语教学中还没有得到足够的重视，令人忧思。值得提出的是"内容依托教学"因其重在教学内容本身的把握、理解、运用，对教师的语言与学科知识要求较高，挑战性强，所以中国学者束定芳认为"CBI 教学应该在大学里实施，绝不提倡在小学就开始"。但是"内容依托教学"针对大学英语教学的价值取向的启示是巨大的，体现在教学方式、教材建设、教学内容、教学模式、师资队伍、教学评价、课程设置等方面。我们有理由相信，未来的大学英语教学方向一定是实施"内容依托教学"价值取向并终能充分培养出可以满足社会发展需要的各级英语人才。

综上所述，"费时低效"大学英语教学局面的改变离不开对大学英语教学价值取向科学合理的全面反思，大学英语教学的纠错、发展、改善势必优先提倡、树立、实施以"内容依托教学"为指针的大学英语教学的价值取向。因为影响和制约大学英语教学效益，除了必备的教师素质、教学条件、教学要素等的满足之外，最便捷、最直接、最明显、最具效力、最有活力的因素当数教学价值取向的正确确立与恰当运用。通过科学地反思大学英语教学及其价值取向，鲜明提倡中国大学英语教学实施"内容依托教学"价值取向，对高校广大的大学英语教师明晰、树立和实施富有活力的教学价值取向，进而提高大学英语教师的教学能力，提升大学英语教学效益，具有不可比拟的现实针对性、应用方向性和实际操作性，也必定会越来越显示出它的深远意义。

第二章 大学英语教学方法

第一节 大学英语教学方法创新

大学英语作为高等教育中重要的课程，是大学教育发展的重要组成部分，对学生英语学习能力的进一步深入和提高起着至关重要的作用。但是教学效果的好坏与教学方法的应用关系十分密切，并发挥着特殊的作用。在当前大学英语教学背景下，传统的教学方法已经无法适应当前时代的发展和社会需要，因此必须建立起一整套创新的教学模式。本节从当前大学英语教学方法的创新改革的必要性出发，对当前教学中存在的问题和不足进行分析，得出运用互动式教学方法、肢体语言教学方法、角色扮演教学方法等进行大学英语教学方法创新的对策建议。

在传统大学英语的教学方法中，其宝贵的经验和方法虽然能以一定的方式进行，也可以助推当下的教学课程改革，但如何将创新的传统教学方法融入日常的课程中去，是当前许多高校需要面临和解决的重要一环，也是能否进一步深入开展大学英语教学的重难点，打破长期以来英语学科高等教育的瓶颈和桎梏，需要我们处在一线的教师以一个全新、全面、辩证的视角去看待，从而促进高校以更加科学的态度发展大学英语，满足大学英语课程教学的需要。

一、创新当前大学英语课堂教学方法的必要性

（一）改革课堂教学方法对推动网络化教学模式至关重要

对于网络化教学模式的应用，目前在许多高校的教学中都处于慢慢兴起的状态，还远远谈不上普及的程度，主要表现在两个方面：一是在国内的高校中，因为客观的原因，相当一部分高校在财政上捉襟见肘，所以没法实现网络化教学的全面覆盖；二是网络化教学的真正意义已经引起广大高校的重视，但是目前正处于不成熟的阶段，对于高校来说还没有一套固定的模式可以为自己所用。此外，传统的教学方法并非一无是处，将其与现阶段的先进学习方法相结合是十分必要和可取的。

（二）教学方法的选择是保障教学质量的关键因素

先进的教学模式和教学方法离不开教师的灵活运用，因为不管是方法、模式还是内容手段都是人为创造出来的，最终也是靠人为来进行操作和实践的。即使是多媒体教学方式，能通过网络、课件的演示等呈现出来好的内容，但是它终究只是一种教学的辅助工具，永远不能代替人为的因素。有这样一种说法，"随着互联网技术的发展，教师将在不久的将来失去工作"，笔者认为这是十分荒谬的。鉴于此，我们不应该过分迷信、盲目依靠先进的教学方法，而应采用既有的教学方法或教学手段，结合网络教学的特点，重视发挥教师作为教学的引导者、组织者的重要作用。先进的教学设备不是决定教学质量的重要因素，如果不当使用，不仅不会起到辅助和促进作用，还有可能干扰到课堂教学，使学生抓不到课堂内容的重点，使先进的技术只流于形式。因此，通过探索和实践不断改革教学方法，充分发挥教师的主导作用，同时体现学生的主体地位，才是提高教学质量的关键。

（三）课堂上的互动和语言训练，才是大学英语课程的内在要求和本质

通过进行方法上的创新，在课堂上进行互动和语言训练，从课程性质的角度出发，是十分必要的。大学英语教学的目的是使学生掌握英语的基本交际能力，在听、说、读、写、译五个方面进行全方位的提高，具备了这些能力，尤其是听说能力的掌握，才能够真正将英语应用到日常的生活和工作中。因此，这意味着教师必须在课堂上通过与学生之间的频繁互动，在课堂的教学过程中实现英语交际的教学，训练学生的语言技能，让学生在反复的实践和应用中相互作用，逐渐提高英语交际能力[①]。

二、传统教学模式下大学英语教学存在的问题和不足

（一）传统大学英语教学模式下，主客体本末倒置

传统的教学模式下，老师处于教学的中心位置，学生更多的是处于从属位置，这是极不符合教学规律的。大学英语作为一门应用性极强的课程，其教学的基本要求是学生通过听、说、读、写的训练，掌握加工语言信息的能力，并通过一定的形式进行表达，因此这样的特点就决定了学生必须在实践中全面提升自身的英语能力。但是，据笔者观察，在传统的教学模式下，大多数教师占用了大部分的教学时间，使学生没有时间进行实践训练，学生被动接受，被灌输了太多的单词和固定句式而缺少实践训练，使得学生即使学习了英语，学生还是不能很好地运用它。

---

① 李建萍.分级教学背景下大学生英语词汇学习策略的调查和分析[J].黄山学院学报，2009（8）：99.

（二）传统大学英语教学模式下，多以固定句式和单词为主，效果较差

在大学英语课堂教学中，许多教师采用的教学模式还都是类似于语文的教学方法，重在对英语原文的语法解释和单词讲解，提出让学生重点掌握长难句，或是直接背诵一些句子。但是在实际的教学中，这对于学生英语能力的提升几乎没有什么好处，学生将语法知识掌握得很好，但是在实际与外国人交流的过程中，大部分对话的语法可能是不严谨的，还可能存在错误，因此活学活用在英语的学习中是十分重要的。

（三）传统大学英语教学模式下，英语学习的四要素缺乏有效衔接

英语学习中有重要的四要素，分别是听、说、读、写。这四个部分在大学英语的学习中应该是相互联系、不可分割的部分。但是据笔者的观察，目前这四个部分大多还是相互分割的，还没有形成一个有机联系的整体，如学生在上听力课时，就是在单纯地进行听力训练，缺少写和读的环节，这就很容易导致教学效果不佳，所以在上听力课时学生不应该纯粹地进行听力训练，可以加入读、写、说的环节。如果我们把这四个方面的教学内容结合起来，学生就能够很容易地把他们的听力和阅读信息与自己的学习结合起来，学习效果自然会很好。

三、创新我国大学英语教学方法的对策建议

（一）运用互动式的教学方法

互动式教学作为一种创新的教学方法，在当下的教学过程中得到了广泛的使用[①]。这一教学模式是指老师在授课的过程中，为学生创设一个互动的教学环境，学生在这种轻松愉快的互动交流中，能够自由地表达自己的观点和意见，从而激发学生的学习积极性。通过一定的试验发现这种教学方法对于大学英语课堂教学效果的提升具有非常明显的效果。在英语课程的教学中，教师可以向学生提出一个或多个问题，根据学生能力的不同分组进行相应的指导，使学生成为解决教学问题的主体，引导其进行分组讨论。

（二）运用肢体语言的教学方法

将肢体语言的教学方法运用到大学英语的教学中，让教师运用肢体语言进行教学内容的表达，从而为学生创造轻松快乐的学习环境，使学生自由学习。大多数语言也是通过肢体的一些动作进行表达的，虽然没有具体的语言，仅仅是一些无声的表达，效果却是十分明显的。通过这种教学模式，使其本身生动、活泼的特点能够发挥得淋漓尽致。大学生大

---

① 黄建滨，邵永真. 大学英语教学改革的出路 [J]. 外语界，1998（4）：20-22.

都已经成年，其模仿能力一般都较强，在教学中，教师可以根据教材内容，生动地表现出语言所要表达的形象，不仅能够激发学生的求知欲望，而且能够引导他们积极参与。这样一来学生在模仿中体会到了学习英语的乐趣，久而久之，就会变得更加愿意学习英语。

（三）运用角色扮演的教学方法

角色扮演的教学方法目前已经在高校中得到了广泛的推崇。角色扮演的方法就是在教师的指导下，教师根据教材内容的特点，要求学生进行相应的发挥，进行对话与交流。在教学过程中，英语教师可以根据学生的英语学习能力进行实际教学，教师还可以把教学内容编译成故事，让学生根据自己的性格或喜好进行自由发挥，与其他表演者进行口语交流。这样一来不仅可以提高他们的语言表达能力，还能够锻炼他们。

第二节　隐喻识别与大学英语教学方法

隐喻自动识别关键的一步是要解开人类对隐喻理解的认知机制，建立语言的形式化模型，使之以计算机能够识别的形式表示出来。这一过程在很大程度上需要依赖认知语言学理论的指导。目前关于隐喻计算研究的综述性文章主要针对隐喻模型设计、知识库和数据资源建设及隐喻处理的应用方面进行介绍，而本节将从认知语言学和计算机科学的交叉角度对隐喻识别所涉及的理论和方法进行探究，探讨多学科交叉视角下的大学英语教学方法。

一、隐喻识别的认知语言学视角

（一）基于文本线索的识别

隐喻表达的特征之一是具有一定的语言标记，可以把这些语言标记作为隐喻识别的线索。这种研究思路在隐喻识别中非常直观，能起到一种"路标"的作用，具有较高的价值。通过隐喻标记语的明确指示，做出不能对该话语做字面意义理解而应做隐喻意义理解的明确引导。由于隐喻标记语的介入，人类在对隐喻进行推理的时候，就能很容易地领会其中蕴藏的意图，从而做出正确的隐喻识别。因此，隐喻标记语的使用明示了话语的语义逻辑关系，对隐喻的人脑推理过程起到了明示的语用制约，从而帮助理解与识别。束定芳总结了隐喻表达的七种文本线索标记：

（1）领域信号或话题标志。如 intellectual stagnation（智力上的停滞）、psychic eddy current（心理旋涡）、时间隧道、历史悲剧。（2）元语言信号。直接用 metaphor, metaphorical，metaphorically 或"比如"等字眼。（3）强调词信号。In fact，literally，actually，really，汉语中的"几乎、差不多、简直"等。（4）模糊限制词。如英语中的 a little，practically，汉语中的"有点、某种意义上"等。（5）表示隐喻转换的上义词。如 sort of，type of，"某种"等。（6）明喻。明喻是隐喻的一个种类，其比喻词 like，as，"好像、仿佛"等明确表明这是隐喻式话语。（7）引号。

根据上述认知语言学理论，在隐喻计算机自动识别领域，有些研究工作是针对文本中的线索而进行的。

（二）隐喻本质

概念隐喻观运用源域与目标域之间的映射以及意象图式来解释隐喻现象，认为隐喻的本质是以一种事物去理解另一种事物的手段，从一个比较熟悉、易于理解的源域映射到一个不太熟悉、较难理解的目标领域。人类对隐喻的识别是指在语境中发现隐喻表达，找出源域、目标域及映射域的关系。束定芳归纳了人类对隐喻识别的两种基本方法：（1）基于文本线索；（2）基于语义冲突。在认知语言学背景下，隐喻被普遍认为是一种思维方式和认知模式。概念隐喻理论认为隐喻是利用一种概念表达另一种概念，需要这两种概念之间相互关联，这种关联是客观事物在人的认知领域中的联想[①]。

（三）基于语义冲突的识别

人类对隐喻的理解首先建立在上下文语境的基础上，根据语言认知系统知识库及概念知识库，对语言形式和字面意思进行分析，确定源域与目标域的语义冲突，并运用概念联想提取机制判断出映射关系，最后做出概念隐喻的判断。多数隐喻的出现并没有什么明确的信号或标志，需要通过对语义冲突的理解来识别隐喻。语义冲突也称为语义偏离（deviation），指的是在语言意义组合中违反语义选择限制和常理的现象，是隐喻产生的基本条件。语义冲突可以产生在句子内部，也可以产生在句子与语境之间。Ortony 认为某一语言表达成为隐喻的第一要素是从语用角度或从语境角度看，它必须是异常的，即从其字面意义来理解有明显与语境不符合之处。人类需要根据话语的字面意义在逻辑上或与语境形成的语义和语用冲突及其性质上，判断某一种用法是否属于隐喻。

二、交叉视角的文本表达

（一）基于文本线索的方法

因为更多的隐喻不具有明显的语言标记，所以这种基于文本线索的方法只能作为一种

[①] 李芳.英语教学法[M].北京：高等教育出版社，2001.

辅助来提高识别效果。隐喻在标记统计的基础上，把标记隐喻的语言信号分为若干类别，并考察其在文本中的出现频率与隐喻的使用关系。研究表明，虽然带有语言标记的隐喻句在隐喻句总数量中存在的比例并不大，但是在存在隐喻标记语的书面语中隐喻的比例达到了大约1/2。除了隐喻标记语的词汇层面，Ferrari还把句法分析作为文本线索进行隐喻识别的研究。例如，通常作为隐喻标记的单词metaphor，在句子"A metaphor is a figure of speech where comparison is implied"中作为主语出现，此句不再是隐喻，metaphor也失去了标记的功能。这种方法概括起来就是利用规则约束与机器学习相结合，从语料库中统计隐喻的语言标记和句法信息出现的概率，以此作为文本线索进行隐喻计算机自动识别。

（二）基于语义知识的方法

对基于语义知识的方法进行早期的研究，建立语义冲突分类体系，并手工建立语义知识库，但这对大规模的语料分析具有局限性，也耗时耗力。Mason通过大规模语料库自动获取词汇的优选语义，从领域语料库获得词汇的语义特征，对比特征语义冲突完成概念映射的优选。但由于领域知识库规模不足，此方法只能处理与动词相关的较简单的概念隐喻，对于复杂映射具有很大的局限性。利用词典和语义搭配知识是基于语义知识方法的另一项应用。如Krishnakumaran利用英语词典word-Net得到语义知识，计算词语在语料库中语义搭配的概率。同样，杨芸利用《同义词词林》和《词语常规搭配库》来识别汉语语义搭配型隐喻。另外，机器学习方法是隐喻自动识别研究的一个新方向，在处理海量信息上有着明显的优势和广泛的应用。面对日益增多的数据与计算机技术的迅速发展，广泛地尝试探索基于机器学习的隐喻识别研究十分必要。基本上，此方法把隐喻识别的问题转化成了文本分类问题，最终达到了识别目的。

三、总结

（一）语言学家与计算机研究者携手共进

语言学与计算机科学对于隐喻识别，有着共同的研究处理对象及共同的奋斗目标——揭示人类语言中隐喻的秘密，开发人类语言智能的功能。利用计算机对隐喻进行识别，基于规则和统计相结合的办法是有效办法之一，只利用任何一种方法都有它的局限性。计算机固然可以迅速地从大规模的语料中获取隐喻知识，解决系统的一些具体问题，却不能解释确切的运行机制和其中的规则到底是如何建立的。所以需要语言学家对语言进行描述与规则制订，实现计算语言的形式化，这些都是跟语言学的基础理论分不开的。同样，语言学也需要进一步现代化。而计算机隐喻识别所提出的一系列新的方向与需求，一方面启发语言学家从新的角度去思考和探索，这必将深化语言学的理论知识；另一方面，通过计算机改造语言学理论，可以促进语言描写的形式化、科学化和精密化。计算机科学的发展，不但为语言学提供了现代化的研究手段，而且扩展了语言学的研究视野。因此，语言学家与计算机研究者加强合作与支持，才能促进隐喻研究的重大突破。

（二）隐喻知识库与英语教学

隐喻知识所提供的实例分析和分类帮助学生形成系统的理解和有序的逻辑思维，分清隐喻表述的各部分关系，代替死记硬背的学习方式，遵循有效的认知规律，从语言学习的根源和理论上整体把握，从而提高对语言深层次的理解，提高学习的效果，增强英语语感。隐喻的各种计算模型往往需要一个或多个知识库的支撑，这是由隐喻的认知性所决定的。知识库中除了三个例句，还给出了与 force 类别相关的隐喻类别（Related metaphors：related to Causes are Force），指出了隐喻的源域（substance，contents，container，hitting）和目标域（force），另外还有简要分析以帮助理解（note）。例句中都包含概念隐喻的影子。借助概念隐喻可以认识到隐喻表达形式的根源，将原本分散的形式内涵按根源进行归类。隐喻知识库所提供的概念隐喻系统使语言学习者了解到隐喻生成机制的原理，利用映射原理对知识系统进行分类整理。

第三节　基于提升课堂学习效率的大学英语教学方法

一、传统大学英语教学方法的特点和不足

（一）传统英语教学方法在听、说、读、写方面没有好的衔接

听、说、读、写是大学英语教学的四个有机组成部分，在当前的大学英语教学中，这四个方面在很大程度上都是相互割裂的，以至于学生在听力课上只是纯听力训练，在阅读课上只是一味地读课文，而在口语和写作上经常无话可说、无内容可写。如果将这四个方面的教学内容很好地结合起来，学生便能够将其在听力和阅读上所获得的信息结合自己的观点加以整理，自然会有话可说，有内容可写了。

（二）传统大学英语教学方法以语法解释和翻译法为主，效果欠佳

大学英语是一门应用型课程，其最基本的要求是学生能够通过听力和阅读训练，学会高效率地吸收和处理信息，通过口语和写作表达信息，这决定了学生必须在实践中培养英语综合能力。然而，传统大学英语教学中，教师的满堂灌占据了课堂大部分时间，学生缺

乏时间进行有效的训练，致使他们即使听懂了也不会实际应用。在大学英语课堂中，很多教师遵循的教学模式仍然是解释课文语法，帮助学生翻译长句、难句，或者让学生死记硬背课文内容。笔者在实践教学中发现，很多学生对语法掌握得非常清楚，但是在英语表达中仍然错误连篇。例如，两位老朋友十年后第一次见面，刚开始都没认出对方，等互报姓名后，其中一人感叹道："我都没有认出你！"在这种情景下，很多对时态非常精通的学生都会错误地表达为"I don't recognize you"。这是因为学生在语法解释和翻译法的教学中，只懂语法，而不知合理地使用语法，只知按字面翻译而不知如何从意思上去理解。在传统大学英语教学方法中，教师起着绝对的主导作用。

二、大学英语教学方法的改革探索

（一）教学上应在听、说、读、写四个方面进行有机整合

心理学家认为，知识的获取需遵循相应的规律，母语习得者之所以学习效率高，是因为其能够将所获取的信息进行统筹管理，分别储存于短时记忆和长时记忆系统中，无论是短时记忆还是长时记忆，有逻辑联系的信息回应能延长记忆时效，而且便于提取。笔者曾根据以上两点进行相应的教学改革，但是发现仍然有很多问题阻碍教学的顺利开展。最大的困难是学生英语水平有限，无法做到以学生为主体，然而通过听、说、读、写四方面教学的整合，能够很好地解决这一问题。通过及时、不断的提取信息，记忆便能得到强化。因此，首先可以给学生布置预习任务，让学生通过网络教学系统学习相关的音频、视频和文章，在练习听力和阅读的同时对课文主题有一个很好的理解，且积累一些课上可能会用到的词汇、短语和观点。其次，由于学生课前的积累，在课堂上教师便能非常轻松地引导学生进行课文的学习和理解，并引导学生针对其内容发表自己的见解，课堂氛围和效果会得到很大的提升。最后，让学生在课后通过互联网查询支持自己观点的相关信息，最终在所学语法知识、词汇短语以及相关内容素材的帮助下写出与该主题相关的短小文章。通过听、说、读、写四方面的有机结合，可以很好地帮助学生建立自信，提高教学效率，增强学生的英语学习兴趣和激发其动机。

（二）摆脱教师的绝对主导模式，实现以学生为中心的主题教学模式

"以学生为中心的主题教学模式"可以从听、说、读、写等方面围绕一个具有逻辑关联的话题，让学生以个体或团体形式进行训练，将其所学词汇、语法应用于学习训练之中，也可以通过这种教学模式，巩固加强学生对课文所蕴含知识的理解。认知主义心理学代表人物之一布鲁纳（J.S.Bruner）认为，学习是认知结构的组织和重新组织，学生知识的获得不是教师灌输给学生的，而是要学生自己主动去探索和发现的。英语教学的过程理应是

引导学生在课堂及课后进行有效的实践训练，提高信息吸收的效率，并将其所学语法知识通过反复练习训练成一种思维方式，从而提高英语表达的准确性和高效性[①]。传统教学主题内容过于空洞、乏味或绝对，致使学生无话可说，或者有话也懒得说、懒得写。很多教材的单元主题往往是校园生活、恋爱等已经被反复练习和论证的话题，学生已经对此产生了厌倦感。故而，对教学主题的选择，应该注重在知识上激发学生的求知欲，在内涵上值得学生深入思考，在争议上允许学生在适当范围内提出各种不同的观点。

（三）改变传统的语法解释和翻译法教学

其实，很多同学对语法知识已经很是明了，但是用起来便会出错。语法本就是种说话的规则，学完规则还不够，更重要的是学会如何应用规则，将规则训练成说话的思维方式。然而，传统大学英语教学只注重一遍遍教学生规则，而不引导他们去应用规则，这显然是不科学的，也是导致现在很多学生英语表达能力弱的重要原因之一。因此，我们应该在传统英语教学方法的基础上，增加新的训练模块教学，引导学生将所学知识应用到英语实践中去，提高其英语表达能力。中国传统英语教学从初中开始便特别注重语法教学，但经过初中、高中和大学的学习，很多学生的语法应用能力仍然很差。在 2011 年英语专业八级考试的 21 万份试卷中，汉译英部分得 8 分以上的试卷只有 19 份，很多答卷语法错误连篇。例如，匆忙与休闲是截然不同的两种生活方式。有些人认为：Hurry and soft is two different life style 或者 Both busy and free are two different way of living 这两句是比较极端的翻译，还有很多答卷也是或多或少都有语法错误。

三、"后方法"教育理论的路线图

后方法时代外语教学思想认为没有一种现成的最佳方法可一劳永逸地用于教学，主张外语教学应摒弃传统教学方法思想的束缚，从更广阔的视角探求突破传统教学方法思想的教学新理念和新途径。它倡导最大限度地关注教师教学方法运用和支配自主性及创造性，主张由一线教师据自身学习经历、教学理解及教学理念、风格和经验，进行自我观察、分析、评价，塑造并改进课堂学习，构建"由下至上"（down-top）适应具体教学情景、立足课堂教学的教学理论体系。"后方法"理论的提出者——美国学者库玛（Kumaravadivelu）据此初步构建起一个由特殊性（particularity）、实用性（practicality）、可能性（possibility）三个基本参数组成的第二语言教学和教师教育的三维系统，并勾勒了一幅"后方法"教育的路线图。

---

① 汤闻励. 非英语专业大学生英语学习"动机缺失"研究分析 [J]. 外语研究，2012（1）：70-75.

（一）实用性参数

实用性参数涉及范围更广，它直接影响课堂教学中理论和实践关系的处理。在实践中，鼓励教师将个人实践理论化，再将个人理论用于实践，有助于教师理解和明确问题所在，分析和评价信息，对各方面进行考量和评估，从而选择最佳方案，并做进一步的批判性评估。由此，实践理论便涵盖连续性反思和行动，教师的领悟性和直觉力构成了实践性的另一方面。教师在实践中积累着某种无法用言语表达的感受与知识，在此过程中完成有关最佳教学"意义建构"。随着时间不断成熟，这种建构看似是本能、独有的，但它是由主导微观课堂环境的教育因素和源自课堂之外的社会政治因素形成和建构的。因而，"意义建构"要求教师不仅将教育视为课堂中最大化学习机会的一种机制，同时也是一种在课堂内外理解和改变"可能性"的方法。从这种意义上讲，实用性参数便转化为可能性参数。

（二）特殊性参数

特殊性参数要求任何相关语言教育须注意存在于特定社会文化环境中的教育机构的特殊性以及机构中教师和学生的特殊性，还要注意学习目标的特殊性。这种特殊性与包含一整套基础理论原则和普通课堂实践的既有的教学方法理论不同。从教育视角分析，特殊性既是目标也是过程，即在教育中我们要同时注意追求目标特殊性和教育过程特殊性。它是教学手段和目标的一种过程性发展。特殊性也是一种能力，可以用以衡量对开展外语教学的当地教育机制和社会环境特殊性的敏感程度。特殊性始于个人或集体教师，通过观察他们的教学行为，评价教学成果，辨识教学问题，找出解决办法，从而进一步尝试分析可行与不可行的方法。由此，观察、反思和行动构成的连续循环为环境敏感性教育理论和实践发展提供了前提。特殊性深刻蕴含在教学实践中，没有教学实践也就无法实现或理解特殊性，因此，特殊性与实用性参数相互交织。

探索更加适合非英语专业学生的英语教学方法，通过教学改革在短期内提高学生的听、说、读、写等基本能力，在长期内提高学生的英语综合素养。

第四节　大学英语教学方法中的情境英语教学法

我国的大学教学工作在有效开展的过程中，一直都在追求创新。因此我国的大学英语在教学过程中也在进行不断的摸索和创新，使大学生产生仿佛置身于英语世界的感觉，在轻松、愉快的环境中积极地学习。根据实际的教学经验来分析，在大学英语教学的过程中，情境英语教学法是一种非常适用的教学方法。本节主要针对大学英语教学方法中的情境英语教学法的相关内容进行阐述。

在大学英语教学的过程中,情境英语教学法主要就是根据学生在英语学习过程中的心理特征以及年龄特点,进行针对性的教学,我们在英语教学的过程中针对性地指出反映论的具体认知规律,同时在英语教学的过程中结合相应的教学内容,有效地应用形象内容来对英语教学情境进行创设。这样能够让较为抽象的英语教学语言成为生动的可视英语语言。通过情境英语教学方法来让学生在学习英语课程的过程中更加深刻地了解英语思维、英语口语以及英语感知。根据实际的情境英语教学方法分析,情境英语教学方法的主要特点如下:能够有效地融合语言、行动以及创设的情境,让英语教学更加的直观、更加的趣味以及更加的科学。目前情境英语教学在我国的大学英语教学中已经在逐渐的应用以及推广,根据目前的情况来看,效果非常明显。因此情境英语教学方法也为我国的大学英语教学带来了非常积极的效果。

一、在大学英语教学中情境英语教学方法的主要理论来源以及相关依据

(一)情境英语教学方法理论的具体来源

在教育领域中,情境教学这一理论在20世纪70年代就已经提出并且应用,目前情境教学模式已经成为语言课程教学工作过程中的一项重要教学理论。我国情境教学的主要来源在于结构主义教学语言理论。这一理论认为如果我们认为口语为语言教学的基础,其教学结构的核心必然是语言的表达能力。我们在语言教学的过程中,就是在为学生创造有效的学习语言的条件,让语言学习的方法同以后的交际实践有效结合起来[①]。在语言教学的过程中,我国大学语言教学中的英语教学占有非常大的比重,英语教学在实际的教学工作中就是学生学习语言交流能力的过程,大学生在学习英语的过程中,能够根据学习的过程以及学习的积累对英语的语言知识以及语言技能、英语的特点进行详细的了解和掌握。

(二)情境英语教学方法理论的相关依据

在大学情境英语教学的过程中,教学依据主要有三个。首先是我们在情境英语教学的过程中,要根据大学生的年龄以及心理特点进行针对性的情境英语教学。目前的大学生在年龄分布上以90后居多,但是其中不乏00后,这一年龄段的大学生在对知识的渴望上非常积极,具有很强的知识求知欲望。情境英语教学方法正是有效地利用了这一特点来对大学生的创造能力以及形象能力进行充分的挖掘并且调动。其次是我们在情境英语教学的过程中要掌握英语语言的习得规律。大学英语的教学工作并不是从语法以及单词上进行知识

---

① 李艳,韩文静.孔子因材施教的教育思想简述[J].吉林教育学院学报,2008(4):39.

的掌握，英语教学的重点应该让学生在英语语境中习得，让学生在英语应用中习得。最后我们在情境英语教学的过程中要有效依据大学生的实际学习规律进行教学。我们在进行情境英语教学的过程中能够通过情境再现，有意识地对大学生的英语学习积极性进行调动，能够有效挖掘大学生学习英语过程中的心理活动，这样才能够有针对性地让大学生在一种较为轻松、愉快的环境下学习，能够充分地发挥出大学生的学习积极性以及学习创造能力，让大学生在情境英语教学的过程中全身心地投入道英语教学活动中来。

二、大学英语教学中情境英语教学方法实施过程中的主要作用

（一）情境英语教学方法能够有效地适应并且迎合当代大学生的认知学习规律，能够有效地提升大学生的课堂教学效率

在教学工作中，要充分认识到兴趣是最好的老师这一教育理念。目前我国的大学生以 90 后、00 后为主，这一年龄段的学生在知识面上、在信息的获取上、在性情的开发上都有非常大的优势。根据大学教学工作的总结来分析，目前大学生的主要特点是有主见，在知识接受上很难实现强制性的教学，同时对于灌输式的教学模式也非常排斥，更加重视自身对于新鲜事物的感受，能够很快接受新鲜的事物和知识，但是其承受能力较差，面对挫折时容易产生悲观情绪。我们在英语教学的过程中要充分了解和掌握目前大学生的特点，在英语教学中应用情境英语教学方法能够有效地引导大学生的积极性和主动性，能够让英语教学在一种轻松的环境下进行，这样的英语教学方法就从根本上改变了传统的英语教学方法，在很大程度上提升了英语教学工作的教学质量和教学效率。情境英语教学法在实施的过程中，我们可以通过模型、图片、实物等方式，充分利用表情、手势以及相关的动作来进行英语的情境教学。在情境英语教学过程中，我们常用的辅助教学工具为计算机，通过这一教学辅助工具能够有效地实现英语教学内容扩大化，信息多样化、趣味化。目前在大学英语教学过程中网络以及多媒体的应用更是丰富了情境英语的教学内容，让英语情境更加生动形象地展现在学生面前，更加具体地展现英语教学情境，有效地提升英语课堂的教学效率。

（二）情境英语教学方法能够让大学生在英语学习的过程中养成勤于动脑，敢于开口，乐于动手的英语学习习惯

根据相关的数据统计，我国的大学生有很大一部分在大学时期就已经通过英语四级考试以及英语六级考试，这能够从一个方面显示出目前大学生还是有一定的英语水平的，但实际上在现实的生活以及日后的工作中，很多大学生都有不敢开口、不会书写的问题，这一问题的出现不仅仅是学生自身的问题，同时也是我国大学英语教学工作的问题，也是我国大学英语教学应该重点改善和处理的问题。目前我国的英语教学在进行的过程中没有给大学生有效地搭建起口语交流以及书写交流的教育交流平台，没有在英语教学之外创设实

际演练场景，这些是造成这一问题的主要原因。但是随着情境英语教学的逐步开展和实施，这一问题得到了很好的改观和处理，就目前的情况来看，教学效果还算喜人。

（三）情境英语教学方法能够有效地丰富大学生的课外生活以及互动，能够让英文教学以及学习有效地延伸

语言是交际的工具，它具有实际性和交际性。实际生活是语言学习的试金石。英语的情境教学必须由课内延伸到课外，把学习迁移拓展到我们的生活中。大学教师要设法增加大学生的语言实践机会，帮助大学生在实际生活中创造英语环境，鼓励大学生大胆开口，敢于大声和老师用英语打招呼、交谈。鼓励他们尽量用所学的常用表达方式和同学相互问候、对话。

除了上述三点之外，情境英语教学方法能够在很大程度上推动大学英语教学的教育改革，能够完善英语教学的教育模式。

在英语教学中运用情境教学，既能活跃课堂气氛，激发大学生的学习兴趣，锻炼大学生的语言能力，又能培养大学生的思维能力和空间想象能力，还能使大学生产生仿佛置身于英语世界的感觉，在轻松、愉快的环境中积极地学习，从而为大学生在以后的工作中应用英语奠定良好的基础。

第五节　构式语法与大学英语教学方法创新

认知语言学产生于20世纪80年代后期，是在反对主流语言学转换生成语法的基础上，融合了语言学、心理学、人工智能等多个领域的知识而逐渐形成的一门语言学分支学科。随着认知语言学的发展，相关研究的增多，开始出现一种新的语法理论，即构式语法。虽然构式语法没有脱离认知语言学的范畴，依旧是批判形式语法，但其强调语用和功能，基本上可以看作是一种新的研究学派。构式语法最早在外国提出，国内起步较晚，且最开始用于研究汉语特殊句式。随着世界一体化格局的形成，英语越来越重要，相关教育研究备受重视，各种创新层出不穷，构式语法具有很强的实践性，与国人的认知心理相符，在英语界迅速传播，到今天已成了一种很重要的语言研究方法，对促进大学英语创新发展有着重要的指导意义。

一、何为构式语法

（一）概念

从构式语法的形成来看，其可分为几个阶段，如 Bloomfield 提出的 construction，指的是抽象意义上的构造形式。后来，Lakoff 开始使用"语法构式"一词，基本可看作是构式语法的初期阶段，而且他间接表明了构式是形式和意义配对的理念。20 世纪 90 年代中期，Goldberg 给出的定义在界内最流行，认可程度最高，即当且仅当 C 是一个形式——意义的配对〈Fi，Si〉，且形式 Fi 的某些方面或意义 Si 的某些方面不能从 C 的构成成分或从其他已有的构式中得到严格意义上的预测，C 就是一个构式。2006 年，Goldberg 对此概念做了修改，"任何格式，只要其形式或功能的某一方面不能通过其他构成成分或其他已确认存在的构式预知，就被确认为一个构式"。

从其概念中可发现，构式语法强调形式和意义之间的配对，而且构成的部分不能推导出整个构式的意义[①]。换句话说，构式是一个整体，除了具有其成分的形式和意义外，还有延伸的形式和语义，取得的是"1 + 1 > 2"的效果。

（二）特点

在构式语法被提出之前，生成语法十分流行，其认为组成格式的词汇的意义组合决定了格式的全部意义。也就是说，句子有意义，但句子格式没有意义。而构式语法则对此提出了反驳，认为句法格式本身也有独立的意义，不同的句法格式具有不同的构式意义。另外，构式语法也反对模块论。模块论是一种自下而上的研究方法，可概括为"词素—词—词组—短语—句子"的程序，需要先研究词汇，进而推导句子和篇章的意义。构式语法则相反，它采取的是一种自上而下的研究方法，把句式看成是整体结构。比如一些图式结构、半固化块状结构，并没有语法规律可言，最好的方法就是以整体的形式存储在记忆中，需要时可直接提取使用。可见，语义和语用在构式语法观点中不可分割。

（三）教学内容

构式语法的教学内容包括形式和意义两大部分，前者具体是指形态、语音和句法特征，后者具体是指语义、语用和语篇功能。总之，构式语法着重于语言的功能性研究，形式和意义（功能）之间存在的对应关系，即象征对应连接链。比如"What a clever girl！"是一个常见的感叹句构式，由 what, a, clever, girl 几个词汇构成。其实，这是个省略句，整句应该为"What a clever girl she is！"。按照构式语法加以分析，整个构式表达的意义不是

---

① 刘英爽.国际化背景下大学英语跨文化教育的瓶颈和转型趋势[J].教育评论,2016(07):115-117.

某个组成部分所能概括的,也不仅仅局限于句子本身的语义,还有延伸出来的部分。我们可以翻译为"她是个多么聪明的女孩啊!"或者直接译为"多么聪明的一个女孩"。但受语境的影响,其语用特征并不相同,既可以表达真切的夸赞,又可以表示是超乎预期想象而发出的惊叹,甚至可以在反语语境中出现。

二、构式语法对大学英语教学方法创新的启示

(一)理念和理论的创新

树立创新意识,转变英语教学理念。构式语法是对转换生成语法、模块论等传统语法理论的批判,强调语言的形式和意义是一个整体,不能分割,一旦分隔开来,就无法表达出原来的效果。同时,对过去自下而上的研究方法进行改善,施行自上而下的教学模式。教师应抛弃过去通过分小类和分析词类序列区分和教授不同句式的教学方法,而应向学生强调句式整体意义的把握,寻求形式与意义的同时习得。将构式作为整体来教,鼓励学习者同时注意形式和意义,一并输入构式的音系、句法和语义特征;英语教学应该从过去强调句式形式的教学法过渡到强调把握句式整体意义的教学法,实现自上而下的讲解与自下而上的总结相结合,归纳教学法与演绎教学法并重。

(二)遵循由易到难的原则

人们在认识世界的过程中,总是遵循由易到难、由表及里的原则,先了解表面和普遍性,随着积累和感悟的增加,才能发现更多问题,进而深入探究,逐步加大难度,使得知识的广度和深度都在不断拓展。

构式语法有难易等级之分,在复杂的构式语法中,常常有子构式、母构式。如果有多个母构式,由于特征不同,极易产生冲突,最终体现在具体的构式中,即子构式。以双及物构式为例,"What did Lucy give his brother?",按照正常句式,双及物的宾语应该在动词之后,而在特殊疑问句中,原来的宾语做主语,则放在了句首。

在语言学中,形式有无标记、有标记之分,前者指的是共通的特点,后者侧重于特殊情况。而且,后者的学习难度要高于前者,形式相对较为复杂,在实际中使用的频率较低。所以,教师在教学过程中要遵循此类原则,从简单开始,逐步增加难度;从无标记形式学习开始,慢慢过渡为有标记的特殊形式。

(三)形式意义同等重要

与转换生成语法等传统理念不同的是,构式语法强调形式和语义的结合,两者之间存在某种对应关系,不同的形式会导致语义上的差别。在大学英语教学中,应把形式和意义

放在同等重要的地位，注意两者的匹配。

以直接和间接转述的构式为例，即便表达的意义相同，在结构形式和语用功能上也有着很大差异。看下面两个构式句子：

I asked my mom where she would go next month.

"Mom，where are you going next month？" I asked.

可见，直接转述和间接转述的形式、语用都不同，前者的重点在于发音和措辞，后者的重点在于表意，是想令听的人明白自己的语义。

（四）导入背景文化知识

前面已经提及，构式语法属于认知语言学的范畴，人们的语言能力是认知能力的一部分。学习英语的过程中必须有足够的语言输入，加上自己的认知和体验，才能逐步掌握这门语言。在英语中，有很多特殊句型和固定短语，往往并没有传统的规范性的语法规律，很难用已有的理论分析。即便在教学中，教师也常常会以"这是固定用法"为借口。所以，学习语言其实就是一种认知活动，面对无规律可言的句式，便需要记忆背诵，存储足够的语言输入，需要时直接使用即可。

大学英语很容易忽视英语背景文化知识的导入，任何语言都是在一定的社会文化环境下形成并发展起来的。英语也不例外，在教学中应注重文化背景的介绍，鼓励并引导学生了解足够的国外文化历史、风俗习惯等，这样在遇到俗语、俚语、谚语时，才能正确理解其意思。教师可推荐一些英文歌曲、有英语字幕的电影、介绍西方国家历史文化的书籍杂志。

（五）母语和英语的对比

汉语是我们的母语，英语作为第二语言，一些大学生往往觉得很难。随着教育改革的深入，很多新方法、新理念被相继提出，关于母语和英语关系的研究越来越多，希望能够找到最高效的途径，尽快提高学生的英语应用能力。在这种背景下，容易出现两种极端，一种是以母语为本，用母语教英语，结果出现了汉式英语。如"不管怎么说，我已经赢了"翻译为"No matter how to say，I win already"，而实际上英语应该表达为"Anyway，I have won"。另一种是太过注重英语，甚至要求在学习过程中忘记母语。这种观点显然不合理，而且不太可能实现，我们生活在母语环境中，每天都在用母语跟人打交道，岂会说忘就忘？

笔者认为，最好的教学方法是将两者进行对比，把它们之间的异同点讲清楚，这对学习母语和英语都大有益处。因为我国和西方国家历史文化背景不同，语言系统的形成、演变和发展有着很大差异，比如汉语中没有冠词，表示数量多时不用衍生词缀。举个简单例子，汉语中习惯了说"两头猪"，但英语只需翻译成"two pigs"，而不能译为"two head pig"。

此类差异很多，在不熟悉英语构式语法之前，不能盲目地将其套用在汉语结构中，也不能根据汉语的句式结构直接翻译。所以，教师必须重视两者的对比，既要了解汉语语言系统，又要学习英语语言系统，如此才能降低语法错误率。

构式语法对传统的模块化理论进行了批判，强调构式的完整性、形式和意义两个构成部分应该结合，不能分割。因为研究的是语言形式、语义和功能的结合，所以在抽象句型中能够加大解释力度。总之，构式语法为英语教学和英语理论研究指明了新方向，具有很多优势，可以在大学英语教学中加以借鉴，比如转变教学理念、重视中英文对比等。但同时，构式语法存在局限性，如构式数量太多、构式间的联系容易被忽略，这说明今后还需加强此方面的研究，大学英语的教学方法也应不断完善。

第六节 "互联网+"背景下的大学英语教学方法

随着科学技术和智能手机的高速发展，互联网慢慢走近人们的生活，人们的生活已经离不开互联网和智能手机。"互联网+"是一种新兴的教学模式和方式，越来越受到人们的欢迎和青睐。"互联网+"教学模式和传统的教学模式有很大的不同，其充分利用学生的课余时间，既让学生在网络平台上学到知识，也能够让学习变得更加灵活，让学生对学习产生更多兴趣。因此，本节对"互联网+"背景下的大学英语教学方法进行研究，对这种新型的学习方法进行探讨，并研讨怎样使"互联网+"教学方法得到更大的提升，从而为学生的英语学习提供更好的服务。

一、"互联网+"在大学英语教学中的优势

在新课改的大背景下，大学英语的教学课时被严重压缩，由于不同的学生对英语教学的需求不同，学生自身学习英语的基础和能力也不尽相同，知识结构不够全面，而使部分学生的英语学习得不到满足，影响了部分学生学习英语的积极性，因而这些学生的英语成绩难以得到相应的提高。

（一）"互联网+"有利于提高大学生的英语写作能力

大学英语的学习方法和高中初中英语的学习方法是完全不同的。在中国初高中教学中，由于受应试教育的影响，教师最重视的是提高学生的学习成绩，所以在教学中以词汇教学为主，语法教学为辅，由于写作在考试中所占的分数较少，所以往往不是初高中英语老师

的教学重点，这就导致了"英语写作"成为很多学生的学习短板。但是大学英语教学中，由于四六级考试及学生未来就业的要求，所以对学生的英语写作能力要求较高[①]。在大学英语学习中，展开"互联网+"大学英语教学方法，老师可以在有限的课堂教学中对大学英语写作的技巧进行讲解，然后通过"互联网+"给学生布置英语写作作业，让学生利用网络完成写作作业。"互联网+"英语写作平台很好地弥补了大学老师不能一一修改学生作文的缺憾，可以让学生利用互联网经常写作文、改作文，达到提高大学生英语写作水平的目的。"互联网+"的出现满足了大学生对英语写作的学习要求，提高了学生学习英语的积极性，用灵活的教学方法提高了学生的英语写作能力。

（二）"互联网+"有利于提高大学生英语阅读理解能力，增加学生词汇量

我国初高中英语成绩的提高主要以语法和词汇量教学为主。但是，在初高中阶段，学生英语的词汇量非常有限，到了大学之后初高中积累下来的英语词汇量远远不能满足大学英语的学习需要，大学更加偏向于应用型英语的学习。在大学学习阶段，英语阅读是增加学生词汇量的最佳方法，因此英语阅读和词汇学习是相辅相成的。然而，大学英语教学上课时间非常有限，不可能让学生在有限的课堂上做大量的阅读理解。"互联网+"的出现，完美地解决了这个问题。学生在课余时间利用"互联网+"进行英语阅读，一能提高学生的阅读理解能力，二在做题的同时增加了词汇量，这样有利于大学生的英语学习，大大提高了大学英语四六级的通过率。随着全球经济一体化和科技的迅速发展，英语作为国际通用语言，起到了越来越重要的作用。因此很多工作单位在选拔人才时，很看重大学生的英语成绩。因此利用"互联网+"提高阅读能力和增加大学生的英语词汇量就显得尤为重要。

二、"互联网+"背景下大学英语教学模式的开发与实践

"互联网+"主要分为网内资源和网外资源两种方式，这两种方式各具特色。在大学英语教学工作中，只有将这两种方式结合起来，才能对大学生的英语学习产生最佳效果。在许多地方高校大学中，对各类资源都施行了信息化的管理，学校的内网服务器中也存储着大量的英文阅读文档，方便学生查阅的时候寻找。相对于外网资源来说，内网资源中的阅读文档更适合正处在英语学习阶段的大学生进行阅读，而且每篇文章的后面都附有阅读作业，可以使学生进行针对性的学习与训练。"互联网+"网外资源更加丰富，现在有很多利用互联网进行教学的方式，比如对于英语教学来说，大学生可以利用QQ和微信等资源和英语老师积极地进行学习交流，有不会的问题或者学习英语方法有问题时可以第一时间和老师取得联系并讨论；有很多词汇软件，里面内容丰富精彩，例如，"有道""牛津"等在线词典除了给学生提供查单词的功能之外，还有很多新功能，如"每日一句""美文

---

① 王汉英，胡艳红，徐锦芬. 美国康奈尔大学外语教学观察与思考[J]. 教育评论，2015（07）：165.

鉴赏"等，给学生提供了丰富多彩的学习方法；现在在"互联网+"的支持下，产生了很多大学英语教学直播平台，大学生可以通过网络直播学习英语，也可以事后下载观看；可以让大学生利用闲散的课余时间，加强对大学英语的学习。这些"互联网+"背景下的大学英语教学新方式是英语课堂教学很好的补充。

全球进入了网络时代，教育改革引发了大学英语教学的不断改变与更新，"互联网+"作为一种新兴教育模式正在受到越来越多的重视与追捧，它着重培养大学生在英语听、说、读、写等方面的能力，增强大学英语的教学效果，"互联网+"背景下的大学英语教学的新时代已到来！

第七节　在创新创业背景下浅谈大学英语的教学方法

随着经济的进步和科学技术的发展，当今社会教育行业的竞争十分激烈，因此社会需要的是高素质的优秀人才，全面发展的人才。自毕业考试实施以来，考试的压力使传统的教学模式在大学时期尤为突出，还极大地削弱了学生学习英语的积极性和自主性，因而学生的实际应用能力得不到提高。

一、创新创业背景的特点及其优势

创新创业教学法是融合了探究教学法、任务驱动教学法及案例教学法等多种教学法的特点，并且以行动作为导向的一个学习过程。因此在项目教学法中，教师已经不再是知识的传授者和灌输者，而是学生学习过程中的引导者、指导者和监督者。引导学生走在健康的人生道路上，指导学生运用正确的方式方法，达到事半功倍的效果，监督学生的日常生活与学习。同时教师还可以将与主题有关的各种项目纳入学习者的知识构建体系中，从而构建一个全面系统的知识体系。而学习者还可以以小组合作和个人探究的形式将理论应用到实践中，从而进行"意义建构"。这种自主地进行知识建构的方式，不仅锻炼了学生的各种能力，还使学生获得知识与技能。在老师的引导、指导和监督下，让学生积极地去探寻知识，在这个过程中，锻炼他们的各项能力。

二、创新创业在大学英语学习中的应用

（一）大学英语新课标的教学目标

根据大学英语教材的编写，大学英语课程是以应用为目的，培养学生的实际应用能力

包括听、说、读、写的专业能力和合作探究的基本能力等等。

例如，人教版大学英语教材有三个单元，而每个单元又有六个板块，每个板块都有不同的目标。单元的第一个板块是 Welcome to the unit。这部分有生动图画和相关问题的内容，可以激发学生已有的与本单元有关的知识，从而让学生能够轻松地学习本单元的知识，顺利地构建本单元的知识。而且这部分知识还与实际生活和社会发展息息相关，从而可以锻炼学生的口语表达能力。接下来是 Reading 板块，这部分的内容是学生接受语言信息的关键环节，有助于学生掌握英语阅读技巧，提高英语阅读能力。学生通过大量的课外或者课本中的阅读让自己能够了解到更多新奇的事物、学习到新的文化。学生还可以通过合作讨论来提高解决实际问题的能力，同时让学生有机会感受真实、地道、优美的英语，让学生了解到现实生活和社会发展中的方方面面。

（二）项目教学法在高中英语教学中的应用

首先，要分析教学目标，确认项目的任务。大学英语教学重点其实就是要掌握并学习好基础知识，然后提高听、说、读、写等专业能力和实际应用能力。从上面的叙述中可以把每个单元看作一个总的项目任务，然后确定任务，比如教师对所需要完成的语言知识、背景知识进行简单的输入，然后讨论、分析出项目学习目标和需要解决的问题[①]。因此在这样的课堂上，教师不再是知识的灌输者，而是学生学习过程中的引导者、指导者和监督者。

其次，根据项目任务，制订项目计划。学生在明确了教学目标之后，根据项目任务，分组讨论并制订出一份合理的、完整的、可实施的项目计划，从而确定工作步骤和工作程序。比如人教版高中英语 Project 这一部分中，学生根据项目任务，制订的项目计划为：第一步是分组先阅读 Project 的两篇文章，结合本单元的内容进行分析得到启示；第二步是每组选择适合自己的主题；第三步是每组为自己的报告收集资料；第四步是每组的报告要发给老师并予以指导；第五步是在英语教学课上，每组代表要上台展示自己的报告，其余小组给予评价；第六步是学生进行自我评价、自我分析、自我检索、自我提升。这样的教学方式不仅充分调动了学生的积极性和自主性，而且锻炼了学生的各项能力，促进了师生之间、学生之间的交流。

最后，分成项目小组，实施项目计划。在确定项目任务，根据项目任务制订项目计划之后，学生就可以成立项目小组共同实施项目计划。但是需要注意的是每个组都要有一个组长，组里成员也都要有明确的分工，以防混乱，导致耗时耗力。

总之，在创新创业背景中，英语学习过程成为英语学习者的参与创造实践活动，注重的并不是最后的结果，而是中间的过程。学习新知识的乐趣，完成项目任务的成就感，体验创新的艰辛和快乐，同时也培养了自身分析问题和解决问题的思路和能力。项目教学法

---

① 秦秀白，张凤春. 综合教程3（学生用书）[M]. 上海：上海外语教育出版社，2014.

在大学英语教学中的作用巨大,为学生以后的英语学习打下了坚实的基础,这种教学方法还对学生的考试有很大的帮助,推动了英语教育事业的发展。

第三章 高校英语学科教学模式

教学模式的研究、建构和应用一直为教学理论界和教师所推崇。教学模式是教学理论的具体化,它源于理论,又源于实践;它使教学理论实践化,又使教学实践概念化;它是理论的存在,又是实践的存在。因此,它使教育和教学理论指导教学实践成为可能,两者互动变得必要,也成为必然。英语教学也不例外,模式化是任何学科学习的本质属性,同时也是学科教学的基本特点。

第一节 高校英语教学模式概述

教学模式是以教学思想、教学理论为依据而构建起来的模型或范式,典型的模式有夸美纽斯的观察—记忆—理解—练习模式,赫尔巴特的明了—联想—系统—方法模式,杜威的发现问题—提出假设—做出推论—验证假设模式,布鲁姆的掌握学习模式等。我国教学模式的研究开始于20世纪80年代中期。教学模式研究主要涉及:教学模式本质的界定和教学模式建构理论的研究。因为研究者研究视野的多维性,教学模式概念的界定呈现出多样性。钟启泉认为,教学模式是能够用于构成课程和课业、选择教材、提示教师在课堂或其他场合教学的一种计划或范型,它具有简约性、理论性和相对稳定性的特点。而顾明远则认为,教学模式是"反映特定教学理论逻辑轮廓,为实现某种教学任务的相对稳定而具体的教学活动机构"。

一、国内英语教学模式研究

中国外语教学理论界对教学模式的理解主要有以下几种:"对一个系统或理论构成因素的框架式描绘。""教学模式是有理论支持的教学活动的操作框架。它可能根据一定的教学理论而建成,也可由概括实践经验来形成。""对语言教学理论或/和英语教学过程各主要因素本质及其相互关系等的形象性表述。"而肖礼全则根据教学模式在实际应用中的表现形式将其分为抽象和具体两种意义。所谓抽象意义是"指较为系统的教学理论、方法和观点，或带有规律性的、有相对固定的方法、步骤、活动的教学实践"；具体意义是"指用图形、表格、线条等对教学相关因素及其关系进行的框架式的、概念式的描述"。

近几年来，高校英语教学界一直在探索一条适合中国国情的教学模式。比如，王才仁提出了一种意在中国适用的英语教学交际模式，该模式"不仅把整个英语教学过程看作交际过程，而且把每一步也看成是交际，整个教学是师生之间交际的反复循环"。该模式的核心原则是交际，交际是教师与学生之间的纽带，语言的输入与输出都通过交际来实现。该模式吸收了西方第二语言习得理论成果，在"准备—过程—结果"的基础上发展成"输入—加工—输出"的学生语言输出流程。该模式特别强调交际的互动性和情景性。在该模式中，英语教学内容是语言信息、语用信息和文化信息，语言形式被看作是"为实现意义转换的工具"。在英语教育史上这无疑是一大进步，但是在学生语言输入的正确、得体和流利性方面该模式关注得不够。肖礼全在对20世纪下叶以来中外四种教学模式评述的基础上，构建了一个"以中国国情为依据，以亿万中国人学习英语为目的"的中国英语教学宏观模式（也叫中国流）。该模式主要由教学环境、教学主体、教学过程、教学结果四个板块组成。它体现出很强的时代性，如教学过程分为实体和虚拟双轨。它吸收了先进的教学理论，把教师和学生都看成是教学的主体，并提倡自主学习和任务型教学等新理念。但是，作为一个宏观模式它必须非常的简洁明了，否则它无法涵盖"亿万中国人"的亿万种学习方式。该模式力图做到全面，但太全面了难于突出其重点或个性，反而易失去自身存在的价值。

教学模式本质的界定除了概念界定之外，还包括对模式层次的界定。在现代英语教学中，可以发现三种层次的模式：宏观模式（英语教学过程模式）、中观模式（大纲设计模式）和微观模式（课堂教学模式）。英语单词 approach、method 和 technique 分别具有宏观、中观和微观三个层面的意义。

近十年来，随着课程改革的不断深入，我国教师、学者以及研究生在英语教学模式方面的研究取得了可喜的成绩。他们对模式的研究涵盖小学、初中、高中和大学等层面，如小学英语自律课堂教学模式、初中英语互动教学模式、高中英语逆向教学模式、三位一体大学英语整体教学模式；他们还从教学方法视角摸索教学模式，如"输入输出平衡"英语教学模式、"四段式"英语教学模式、提纲式英语教学模式、封闭式英语教学模式等；教学方法方面主要集中在"互动""合作""任务""创新"等视角，如"互动"英语教学模式、自主—交互式英语教学模式、任务型教学模式在高中英语教学中的实践研究、"探究合作创新"英语教学模式，等等。此外，在英语阅读课上还总结了许多教学模式，如"问题式"英语阅读教学模式、英语阅读教学中的"交流—互动"模式探析、英语语篇教学模式等。

针对以上我国英语教学模式建构的现状，我们可以发现我国当前英语教学模式的研究基本上是零散式的，但是在总体上模式构建的视角有以下四个：①理论说——教学模式是从教学实践中形成的一种设计和组织教学的理论，并以简约的形式表达出来；②结构说——教学模式是在一定教学思想或理论指导下建立起来的各种类型教学活动的基本结构或框架；③程序说——教学模式是在一定教学思想指导下建立起来的完成所提出教学任务的比较稳固的教学程序及实施方法的策略体系；④方法说——常规的教学方法俗称小方法，教学模式为大方法。英语教学模式的发展趋势具有三个主要特点：①由关注"教"的教学模式向关注"学"的模式转化；②在模式构建中越来越体现多门学科知识的整合性特征；③模式研究的理论不断深入和实验研究逐步成熟。

在高校英语课堂教学中，我们很难发现某位教师采用了某种教学模式，但是可以发现五种程序设计常式，它们分别是翻译式、听说式、答疑式、网络式和交际式。翻译式是指在教学过程中，依靠母语系统讲授教学内容，熟悉课文，掌握语法规则和一定量的词汇。听说式强调用有限数量的句型来描写无限数量的句子，把英语学习过程看成是养成习惯的过程。答疑式是指教师对学生学习中提出的问题进行分类处理，讲课时围绕学生提出的共同性的、关键性的问题进行多角度、多层次的讲解或组织学生讨论。网络式要求教师和学生共同归纳选择具有共性且富有意义的知识点，让学生通过联想把新旧信息编织起来，形成合理的知识结构。交际式是指教师选择一个功能意念项目，并设置一定的信息沟，使学生为获取所需信息而进行模拟的交往过程。在实际的英语教学过程中，没有哪一节课可以说是用了某种纯粹的教学模式。只有根据教学的实际需要和实际情况，从整体的角度出发来把握英语教学模式，融会贯通地理解和运用多样化的英语教学程序，创造性地组织教学，灵活巧妙地衔接各个教学环节，才能符合教学的动态性与复杂性之要求。

在我国，外语教学界可以引进国外优秀的教学模式加以实践。20世纪80年代起在浙江大学开展了以德国"柏林模式"为基础的"德语作为外国语教学论的实验"，同时取得了丰硕的成果。柏林模式由德国保罗·海曼于1962年首先提出。该模式提出了影响教学过程的四个基本因素和两个先决条件，即意向、课题、方法和媒介因素，人类心理条件和社会文化条件。前四种因素属于决定范畴，后两种属于条件范畴，所有这些构成了每一种课堂教学的基本框架。模式可以用结构图表示。该结构是多元互动的、相互关联的、开放的、不断地自我完善的结构。其最大的优势在于它提出了两个先决条件，将对"此时此境中的人"的透彻理解作为教学的前奏。正确的定位，再加上课堂教学过程中四个基本因素的充分考虑，教学过程本身体现了教学效果。模式结构图清晰明了，充满智慧，容易被一线教师理解和接受。就是为什么该模式自20世纪70年代后，一直是柏林州基本的教学模式，并且也是柏林州教师培训班的必修课。许多德国教育教学第一线的工作者都以它为基础来进行教学设计。之后，该教学设计思想又被广泛地应用于日本、韩国、巴西、蒙古等非德语国家的外语教学及其他学科。

二、国外英语教学模式研究

在国外，语言学研究起步较早，已经建立起一套完整的语言学习理论。外国语言专家在对英语作为母语进行深入研究的基础上，将其中的一些理论迁移到TOEFL教学模式的探讨中，并总结了七种主要的英语教学模式。这七种模式在英语全球扩张的进程中迅速为各国英语教学研究者和实施者所接受。这七种模式分别为：

（一）克拉申模式

该模式由克拉申（S.D.Krashen）创建，主要描写二语习得过程。该模式的基本思想可以概括为：二语能力是在较低的情感过滤条件下，通过足量的可理解输入，是以可预测的顺序习得的。

（二）贝立斯托模式

该模式由贝立斯托（E.Bialystok）创建，主要说明在形成外语能力过程中的三个层次及其有关因素的作用和组成方式。这一模式特别强调外语能力形成过程中形式和功能练习的作用，突出强调其他学科知识和文化因素对外语知识吸收的促进作用。

（三）斯特恩模式

该模式由斯特恩（H.H.Stern）创建，它确定了外语学习的五个要素及内在关系。这一模式的特点在强调外语学习的元认知策略的同时，也特别指出学生本身的心理特质和身处的社会环境等外部因素的影响。五个要素分别为社会背景、学习者特点、学习条件、学习过程和学习结果。社会背景包括社会语言、社会文化和社会经济因素；学习者特点包括学习者年龄、认知特点、情感特点和个性特点；学习条件是指课堂教学和自然接触；学习过程强调学习策略、技巧和大脑活动。

（四）艾伦·毫沃特模式

该模式由艾伦·毫沃特（Allen Howard）创建，它是一个多中心模式。根据交际的话题、题目或任务制定外语教学大纲，并采用F.S.E.三角形学习模式。（F代表functional practice；S代表structure practice；E代表experiment practice。）这种模式特别强调功能和结构分析，对我国的中学英语功能意念大纲的制定具有指导意义。此外，它首次提出任务型教学的概念，为后来任务型教学模式的建立奠定了基础。

（五）坎特林模式

该模式由坎特林（C.N.Candlin）创建，它把学习外语看作是语言形式、概念意义和人际关系的三个知识体系的结合。这种模式认为，外语学习的实质是在人际交往过程之中语言概念的形成和正确语言形式的固化过程，它十分强调语言使用的正确性。

（六）哈伯德模式

该模式由哈伯德（C.R.Hubbard）创建，它是一种学习外语的交际模式，要求在客观事物的环境中进行愉快的交往。这一模式强调语言学习中的交际性，也就是信息差。它认为，没有信息差的存在就不可能有语言交际，没有实际的语言交际，也就谈不上真正意义上的外语学习。它实质上是我国交际模式的范例。这一模式是ARC三角形模式，A（affinity）表示亲近力，R（reality）表示现实的意义，C（communication）表示交际的意义。

（七）蒂东尼模式

该模式由蒂东尼（R.Titone）所创，它是力图吸收其他模式之长的一种综合模式。它既借鉴了克拉申模式的情感策略，又借用了斯特恩模式中的社会影响因素，更贯彻了哈伯德模式的交际性原则。我国现代高校英语教学模式的折中法就起源于此。

以上是针对国内外教学模式，尤其是英语教学模式研究的概述，而接下来将从模式的内涵特征为线索分别展开讨论，主要有结构取向的英语教学模式、功能取向的英语教学模式、任务取向的英语教学模式、社会文化交互取向的英语教学模式和整体教学模式等。在这些模式中，任务取向的英语教学模式和社会文化互动取向的英语教学模式在某种意义上说也可以归属到功能取向的英语教学模式，为了凸显它们的主要特征有意独立开来。

第二节 结构和认知取向的英语教学模式

结构和认知取向的英语教学模式是分别依据结构语言学教学观和认知心理学理论而建构的。结构主义语言学认为，语言的结构是内部各个层次有意义的对立体系。掌握语言就是掌握语音、语法、词汇的各种有意义的对立体系。比如，语音中的开、闭音节与长、短元音，语法中的过去、现在、将来时态，所以，掌握语言的过程充满了对比这种对立关系的活动。与此同时，由于不同语言的对立体系并不相同，要明确所学外语中的那些对立体系对学生特别困难，必须通过与本族语进行对比。这类教学模式具有理性主义教学观点，重视语言知识和利用学生的本族语等特征。认知心理学和认知语言学认为，语言能力是个体一般认知能力的一部分。因此，语言不是一个自足的系统，其描写必须参照认知过程。认知法在教学过程中提倡发挥学生的智力作用，重视对语言规则的理解，而往往忽视语言学习中的情感因素。两种取向的教学模式中较为典型的教学法主要包括直接法、听说法、翻译法和认知法。

一、直接法

直接法的诞生是在19世纪末和20世纪初，欧洲和北美等地加速了工业化的进程，国际交往日益频繁，各国对外语人才的需求量迅速增长。人们发现外语人才的口头表达能力特别重要，而语法翻译法恰恰就不注重学生的口头能力培养，因此，在语言学领域内出现了改革运动。其中，以英国语言学家斯威特（H.Sweet）为代表的改革派强调口语和语音训练的重要性，推动了外语教学改革。直接法由法国人古因（Gouin）提出，后由他的弟子索斯（de Sauze）在美国倡导，并由教育家伯利兹（Berlitz）在教学中实施。由于他们的推广，20世纪初直接法流传颇广。

直接法的许多教学理念是与语法翻译法相对的，如前者重视口语训练、用演绎法传授语法规则、采用母语解释难点等；而后者却重视阅读和写作能力的培养，用归纳法传授语法规则、课堂上拒绝使用母语等。直接法所遵循的五项原则（直接联系原则、句本位原则、模仿为主原则、用归纳法教语法的原则、以口语为基础原则）可以看出，直接法的教学内容基本上是关注语言的句法结构，即以句型作为教学的基本单位，并且以模仿为主要手段，基于这两个原则，直接法也是以语言的结构为基础的。

二、听说法

听说法被认为是结构取向的模式之一，它比前面两种方法都更加成熟，因为从英语名称来看，听说法（the Audio-lingual Approach）选用了Approach（路子）而不是语法翻译法和直接法中的Method（方法）。这充分说明"无论在理论基础、体系还是方法方面，听说法都较语法翻译法和直接法更系统和全面，内涵也比后者丰富得多"。

听说法继承了直接法的四个特点：口语第一，听说领先；变换操练；严格控制，养成语言习惯；限制使用本族语，课堂教学运用目的语内对比。它本身的创新只有两点：以句型为教材和操练的核心；用对比作为以所学外语进行类推和回避学习难点的基本方法。一般来说，听说具有三个特点：听说领先、句型操练和对比。

听说法的发展促进了布龙菲尔德教学法教学过程的不断完善，使之逐渐演化成为相对规范的五段教学：①认知（recognition）；②模仿（imitation）；③重复（repetition）；④变换（variation）；⑤选择（selection）。认知是指对所学句型耳听会意，一般采用外语本身相同或不同的对比，使学生从对比中了解新句型或话语；模仿可以通过跟读、齐读、抽读、纠错、改正；重复环节包括检查，让学生重复模仿的材料，做各种记忆性练习；同时教师要进行检查，当确信学生已能正确理解朗诵所学句型之后，才能进行下一段的变换活动；变换即替换操练，应按替换、转换、扩展三步逐渐加大难度，同时要注意学生的理解情况；替换分单项替换和多项替换，转换主要包括含义转换、结构转换和增减句子要素，如主动句变为被动句、陈述句变为疑问句等，扩展包括前置修饰扩展和后置修饰扩展；选择是指在实际交际和模拟情景中对所学语言材料进行活用。

早期的听说法注重机械操练。可是到了 20 世纪 60 年代后，机械操练受到了批评，一些应用语言学家开始改进听说法，使操练朝着有意义和有利于实际交际的方向发展。其中，最具代表性的是波尔斯顿（C.B.Paulston）提出的"MMC"法，第一个 M 是指机械操练（mechanical drills），第二个 M 是指有意义操练（meaningful exercise），C 是指交际性活动（communicative activities）。这三个步骤为递进式，早期先进行机械操练，然后进行有意义的练习，要求教师给出结合学生生活的情景，让学生在规定的情景中做语言操练；在第三步骤的交际活动中，可请以英语为本族语的人来交谈，要求学生在交谈中尽量用所学语言结构等。

三、翻译法

翻译法的形成与发展直接与语言认知有关，它起源于中世纪，经过了语法翻译法、词汇翻译法和自觉对比法，再发展到认知法，在历史上历时最长，所产生的影响较为深刻。翻译法中最有影响的是语法翻译法，下面我们对它进行简单分析。19 世纪盛行的历史比较语言学为语法翻译法提供了理论基础：通过翻译的手段，比较母语与外语语音、词汇和语法的异同达到掌握外语和欣赏外国文学作品的目的。张正东把语法翻译法的发展分为三个时期：第一阶段为 18 世纪上半叶，具体教学方法是把外语译成本族语，内容偏重于机械背诵语法规则，其教学目的是了解外语服务；第二阶段是 18 世纪下半叶至 19 世纪末，以本族语翻译成外语为主要方法，内容注意到了阅读，其教学目的是用外语表达本族语的内容；第三阶段是 20 世纪以来，在众多教学流派的影响下，在教学方法上吸收了许多其他学派的方式方法，但是其核心教学思想如重视系统语法的教学，依靠本族语进行翻译，侧重语言形式和采用演绎方式等都没有改变。

语法翻译法主要有以下几项教学原则：①关注语言知识的学习；②采取单向传授式教学法；③重视读写能力的培养；④依靠母语进行教学。语言知识包括语音、词汇、语法等，在传授语言知识时，教师常常运用母语，通过对比法和演绎法等方法讲解和分析句子成分，同义词和反义词之间的差异以及语音、词汇和语法规则。教师的讲解是课堂教学的唯一活动，学生学习比较被动。

在我国20世纪90年代之前，高校英语课堂教学基本上都采用语法翻译法，英语语言知识传授是课堂的主要活动。随着1993年人民教育出版社和英国朗文出版社联合出版的新教材的发行，我国高校英语教学开始关注学生口头交际能力的培养。到21世纪初新课程标准（实验稿）的实施，使高校英语的教学目标进一步提高，学生的综合语言运用能力的培养成为教学的最终目的。新的教学理念日益深入人心，学生的语言运用能力，尤其是口语水平得到了前所未有的提高。尽管如此，因为语法翻译法对教学条件和教师的要求较松，故国内外仍有不少人乐于使用。

四、认知法

认知法是在语法翻译法的基础上形成和发展起来的。它以转换生成语法为理论基础。该理论认为，语言的深层结构充分体现了语言能力的特点，表层结构表现语言行为的特点。人有天赋的语言习得装置以习得深层结构而获得语言能力，有了语言能力就能生成语言行为，运用话语。把这一语言学说与认知心理学的理论紧密联系起来，语言能力就是核心结构。认知法的首倡者卡鲁尔主张学习外语应先掌握以句子结构为重点的语言知识，要理解所学内容；理解、信息加工和逻辑记忆对于学会外语极为重要。在理解的基础上，再让学生在生活实际和交际情景中进行操练，操练中发展逻辑记忆能力。因为学习外语不是形成习惯，而是先天习得能力的发展过程。这些过程落实到教学活动上主要是语法先行并用演绎法教语法，故卡氏又称认知法为经过改造的现代语法翻译法。而左焕琪却认为，认知法重视语法，必要时用母语进行教学，要求通过有意义的练习而不是大量使用演绎法。

认知法被认为是当代外语教学法，它的一些教学原则已被当代各个学派所接受。如学生中心原则，容忍错误的原则，听说读写并进、视听兼用的原则，情景原则等。认知法的教学过程可概括为"理解（句子结构和所学内容）—形成（语言能力）—运用（语法，即语言行为）"三大阶段。

五、认知法教学案例（45分钟）

（一）讲授新词

教师在黑板上挂上一幅图画，内有男孩、女孩各两名，每人在进行一种活动。学生根据已经学过的语言知识谈论这幅画。遇到学生使用与新词接近的词时，教师引出要求学生学习的新词。当学生提到动词时，教师引出动词现在分词的形式与意义。在理解的基础上，学生跟教师朗读新词。了解新词意义后，教师要求学生根据图画内容，尽量运用所学单词讲故事。学生讲完后，教师讲他的故事（即课文）。（7分钟）

（二）讲解语法

要求学生根据教师已使用的动词现在分词，小结该语法现象的形式与意义，然后教师进行总结，适当使用汉语解释难点。（8分钟）

（三）语法练习

引导学生由近及远地谈论现在正在做的事情：①教室里发生的事；②学生家庭中发生的事；③回到图画，鼓励学生创造性地使用外语，谈论图画中四个孩子的活动。教师在学生用到现在进行时时，加以重复和强调。（10分钟）

（四）传授新课

学生打开书，开展小组活动，逐句讨论课文内容与意义。然后根据课文互相提问。小组讨论结束后，教师先要求学生提出不能在小组内解决的疑难问题。全班就这些问题进行讨论后，教师总结，给出问题的正确答案。教师再一次小结动词现在进行时的形式和意义。（15分钟）

（五）巩固课文

回到课文——听两遍录音后，学生就课文内容提问。（4分钟）

（六）布置作业

听课文录音，改进语音语调；拼写单词并进行书面练习；动词现在进行时的问答与填空。（1分钟）

第三节　功能取向的英语教学模式

斯特恩认为，功能派与结构派最大的差异是它更加关注语言使用者的社会和环境因素，在语言研究方面体现这些改变的是语义学、话语分析学、社会语言学、交往人类学以及语用学的诞生。把交际视为教学内容本身的功能派有两种不同观点：一种是分析性的，被称为"功能分析"（function analysis）；另一种是整体性的和非分析性的，被称为"功能大纲"（function syllabus）。近年来，功能分析已经对语言大纲的制定、教材的开发以及教学方法的选用等方面都产生了深远的影响。下面举几个典型的例子来说明功能分析对语言教学产生的影响，如Wilkins（1976）提出意念大纲的概念；欧洲委员会现代语言项目的开展

（Trim 1980；van EK and Trim 1984）；Widdowson（1978）提出的交际语言教学法重视语言的"使用"（use）而不是"用法"（usage）；Munby（1978）提出的特殊目的语言教学项目内容鉴定模式；Canale 和 Swain（1980），Canale（1983）分析了交际能力的内涵，为语言测试的发展和语言水平研究奠定了基础。

　　从20世纪60年代开始，语言研究的重点逐渐由语言形式、句法关系转向语言使用、语义和语言的社会功能。社会语言学对语言教学乃至整个语言学界所做的重大贡献之一是提出了交际能力的概念。1972年社会语言学家海姆斯（D.Hymes）在著名的《论交际能力》一文中指出，离开了使用语言的准则，语法规则是毫无意义的。海姆斯认为，交际能力是由语法、心理、社会文化和实际运用语言等能力系统互相作用的结果。1980年，加拿大的卡内尔（M.Canale）与斯温（M.Swain）系统地总结了关于交际教学法理论的探讨与研究成果，并提出交际能力应由以下三方面能力构成：①掌握语法（grammatical competence），主要包括词汇、词法、句法、词义与语音等方面的知识；②掌握语言的社会功能（social linguistic competence），指使用语言的社会文化规则与语篇规则；③使用策略（strategic competence），即为使交际顺利进行而采取的语言与非语言交际策略，后经不断充实，已具体到怎样开始会话、维持对话、要求重复、澄清事实、打断对方、结束对话等。后来，卡内尔对交际能力的构成框架进行简单调整，把语篇能力从掌握语言的社会功能中分离出来，构成了第四方面的能力。同时拓宽了使用策略的能力，包括提高交际有效性的所有能力。功能取向的英语教学模式的诞生与当时的哲学、语言学、心理学、人类学和社会学发展息息相关。以"语言的社会交际功能是最本质的功能"为核心思想的社会语言学的诞生为该模式提供了语言学基础。以功能取向为主的英语教学模式主要包括交际法教学模式和自然法教学模式，本节将重点介绍前者。

　　交际法兴起于20世纪70年代的欧洲，它是一个典型的以语言功能项目为纲的一种教学方法。但是，实际上交际法不是一个一般意义上的教学模式，它已形成了一场国际性的交际运动（communicative movement），并出现了communicative approaches的多元化局面。交际教学（communicative language teaching）是一个多种理论的联合体，至今似乎没有一种定义能对其内涵作出界定。Yalden在1983年就曾把交际教学归纳为六类。在总体上，胡春洞认为，交际法有两个基本观点：①外语学习者都有他特定的对外语的需要；②语言是表情达意的体系，而不是生成句子的体系，社会交际能力是语言的主要功能。因此，交际法的教学目标在于培养学生在特定的社会环境中使用外语进行交际的能力。为了提高学生的交际能力，交际法教学过程可以从以下三方面展开：

　　（1）分析学生对英语的需要：在制定教学大纲时，首先分析学生对外语的需要。通过对学生需要的分析，就能知道这个学生需要掌握什么样的语言功能、什么样的文体和什么样的语言形式，并以此制定出相应的教学大纲。由于交际法对学生需要的重视，"需要分析"已成为一个独立的研究课题。

（2）以意念/功能为纲：交际法认为，以语法或情景为线索组织教学内容往往忽视学生的特殊需要，难以培养交际能力。交际法在其形成之初主张以学习者所要表达的内容即意念为线索。这种以语言使用者通过使用语言来实现的交际功能为线索的意念大纲，也被称为功能大纲。交际法第一份具体的教学大纲枟入门阶段枠正是以语言的交际功能为线索组织教学内容的大纲。以意念/功能为纲的思想是交际法的核心思想。

（3）教学过程交际化：大纲的制定和教材的编写不是一个完整的教学体系的全部内容，交际能力的培养最后必须在课堂教学中实现，教学过程的交际化也是交际法的一个重要组成部分。它可以体现在以下几个方面：以话语为教学的基本单位，语言材料的选择力求真实和自然；以学生为中心，教师是活动的组织者，学生在各种活动中学习外语；教学活动以内容为中心，大量使用信息转换、模拟情景、扮演角色、游戏等活动形式；对学生的语言错误采取容忍的态度，不以频繁的纠错打断学生连续的语言表达活动。

以上三个环节表明交际法在教学过程中以学生的需求为教学的出发点，学生需求是制定教学大纲即学习内容的依据；同时所使用的材料尽可能真实，如可以把目标语的人士带进课堂或进入使用目标语社区，或引入各种书籍与报刊节选的文章或电影、电视和电台报道片段等。鼓励学生在实际生活中使用语言，他们的错误被认为是学习过程中出现的自然现象而无须指责[①]。

斯特恩认为，如果在语言课堂上开展标准的交际活动必须包括四个条件：①与本族语人士接触；②有机会融入目标语环境；③创造真实使用语言的机会；④需要学习者个体参与。这些条件在我国较难做到，尽管在一些比较发达的地区，目标语人士可以进入课堂，也有项目支持中学生融入目标语环境。但是，英语教学可以吸收这些条件的精神，利用以下一些活动来优化课堂教学：①充分利用语言课堂的教学行为；②讨论话题尽可能地源自学生的个人生活或至少与之相关联；③挑选尽可能多的与对学生具有教育意义和职业发展有利的话题；④设置交际课堂练习，如设置小型活动让学生练习并熟悉目标语的一些表述特征。有关文献对第四种方式的讨论较多，针对前三种尽管有人研究过，但是文献非常有限。总之，交际课堂教学的具体教学方法十分多样，其基本精神是开展师生之间、生生之间有意义的对话或讨论，也称为"语言意义的谈判"（negotiation of meaning）。上课经常采取两人结成对子进行对话，4~6人为一组的小组活动和全班讨论的形式。交际法教学虽然提出在语言使用过程中（use）学会语言的用法（usage），但是它并不排斥有关语言形式的教学。

王才仁在参照国外一些模式的基础上，提出了一个在我国进行英语教学的综合模式：英语教学交际模式。该模式的命名是出于这样一个教学理念：整个英语教学过程是交际过

---

① 邵艳红.系统功能语言学视域下的中小学英语交际教学重建[D].浙江大学，2017.

程，而且把每一步也看成是交际；整个教学是师生之间交际的反复循环。下面将对该模式的几个核心环节进行简单介绍：①"教师"和"学生"成为教学的双主体，师生之间的交际构成教学全过程；②社会环境提出教学要求，主要体现在教学大纲中，对教师有制约作用；③教学大纲由国家制定，是教师执教的依据，对教材的编写和使用起指导作用；④教材要通过听说读写等渠道和一定的情境活化为交际行为，成为信息的源泉；⑤输入是学生接收语言材料三方面的信息：语言信息（包括操作性、观念性）、语用信息和文化信息；⑥加工指信息加工，外部加工表现为课堂活动，内部加工指大脑内的活动，互相作用、互相促进；⑦输出指学生运用英语的能力、每一项输出达到正确、得体、流利的程度都会反馈给教师，以便了解教学效果，整个过程达到的程度则最终反馈给社会。

该模式认为，教学的实质是交际，而交际是通过活动得到体现的。如教学中师生二主体的作用是通过活动来体现的；英语物质操作和观念操作二重性，是通过活动来体现的；信息的输入和输出，也是通过活动来实现的。所以，活动是更新教学观念，开创英语教学新局面的一个重要哲学支撑点。另外，该模式还强调运用英语时要遵循的四个原则：意义性（meaningfulness）、功能性（function）、得体性（appropriateness）和移情性（empathy）。此处前两个原则容易明白。所谓得体性是指所说的每一句话要根据不同的对象、场合和时机选择合适的表达方式；而移情性是指在表达意思时要考虑目标语国家的文化风俗习惯。最后，该模式把我国的英语教学目标定位在培养学生的交际能力上[①]。

交际教学的理念正不断地深入我国的英语课堂教学实践。彭那祺通过多年的教学探索，把交际教学融入自己的日常教学，不断地提升自己的教学理念，2000年出版了专著。她总结道："和谐"是交际性教学最重要的艺术特色。她认为，"在英语课中最为重要的是要从交际的高度出发，去帮助学生打下坚实的英语基础和培养运用英语的交际能力，并在习得英语的过程中掌握一套成功的英语学习方法和良好的语言习惯。这些将构成他们可持续发展的英语潜能"。

第四节 任务取向的英语教学模式

一、任务型英语教学模式的定义

任务型教学是指一种以任务为核心单位计划、组织语言教学的途径。它是诸多交际教学途径中的一种，其教学思想仍然在交际语言教学思想的理论框架之内。在国外，任务型

---

① 莫爱屏. 语用与翻译 [M]. 北京：高等教育出版社. 2010.

语言教学已有二十多年的实践，最先进行任务型第二语言教学实践的是印度学者Prabhu。针对任务型教学的研究已经取得了可喜的成果，很多学者从不同的侧面对任务型语言教学进行了研究，赋予其新的内涵，具有影响力的专家有Breen（1987）、Candlin（1987）、Nunan（1989）、Long（1989）、Crookes（1993）、Willis（1996）、Williams和Burden（1997）、Skehan（1998）、Richards etal（2000）、Little wood（2002）等。其中，Nunan根据英语课堂教学中的任务与真实生活中的任务的相似程度把任务分为"真实世界的任务"或"目标任务"（real-world tasks or target tasks）和"教学任务"（pedagogical tasks）。前者是指那些在生活中有类比对象或原型，即通过客观分析考查后，根据实际需要设计的，旨在赋予学习者完成真实生活中类似任务的语言能力；后者包括基于第二语言学习者习得的理论和相关研究，未必能直接反映客观实际的任务，只限于在一定的教育环境中运用。

龚亚夫和罗少茜根据目前的有关文献，把主张任务型教学的专家和学者分为"广义任务派"和"狭义任务派"。狭义任务派认为，只有为了某种交际的目的使用语言的活动才可以称为任务。该任务定义与Nunan所提出的"真实世界的任务"或"目标任务"的概念比较吻合。而广义任务派认为，任务可分为"交际任务"（communicative tasks）和"学习任务"（enabling tasks），此处的学习任务与Nunan提出的教学任务意义比较接近。学习任务概念的提出对当前高校英语课堂教学活动的设计有更大的推动意义，因为高校课堂的英语学习非常关注课本内容的理解和运用，如在阅读课上，教师根据课文的相关信息设计出一个部分信息缺失的表格，让学生快速阅读后把信息填满。这种围绕课文内容设计的学习任务容易被高校教师所接受。但是，我们的教育要在真正意义上提高学生的语言运用能力，并提升学生的素质，那么任务的定义最好能满足Skehan对任务提出的五方面要求：①意义是首要的；②有某个交际问题要解决；③与真实世界中类似的活动有一定的关系；④完成任务是首要的考虑；⑤根据任务的结果评估任务的执行情况。换言之，任务关注的是学生如何沟通信息，通过交流互动解决交际问题，而不是强调学生使用何种语言形式；任务具有在现实生活中发生的可能性，而不是"假交际"；学生应把学习的重点放在如何完成任务上，对任务进行评估的标准是任务是否成功完成。

在外语教学过程中，目前教育部制定的《英语课程标准》的实施建议明确指出：倡导"任务型"教学途径，培养学生综合运用语言的能力。任务型英语教学提倡以教师为主导、以学生为主体的教学活动，它提倡体验、实践、参与、交流和合作的学习方式。学生在活动中认识语言，运用语言，发现问题，找出规律，归纳知识和感受成功，真正让学生掌握讲英语、用英语的本领，从而培养兴趣，树立信心，发展自主学习的能力和合作精神，为终身学习和发展打下坚实基础。

二、任务型英语教学模式的理论基础

任务型教学概念被提出后，二十多年来，它的发展、演化和内涵的不断丰富得益于理论的支撑。言语行为理论是任务型教学与研究一个十分重要的理论来源。言语行为理论旨在回答语言是怎样用于"行"，而不是用于"指"这样一个问题。Austin 认为，言有所为的话语是被用于实施某一种行为的。根据个体说话时所实施的三种行为，Austin 提出了三种模式行为，即言内行为、言外行为和言后行为。言内行为是指传统意义上的"意指"，即指发出语音、音节，说出单词、短语和句子等；言外行为是指通过"说话"这一动作所实施的一种行为。人们通过说话可以做许多事情，达到各种目的。言后行为是指说话带来的后果。Searle 在 Austin 研究的基础上，把言语行为理论提高为一种解释人类语言交际的理论。Searle 认为，语言交际单位不是单词或句子等语言单位，而是言语行为。于是，语言交际过程实际上是由一个接一个的言语行为构成的。每个言语行为都体现了说话人的意图。他把一句话所实施的言外行为与内容紧密联系起来，即话语行为与命题行为之间的关系。

随着任务型英语教学研究的不断深入，国内学者从不同的视角来探讨和建构它的理论基础。龚亚夫和罗少茜认为，该教学模式的理论依据来自许多方面，有心理学、社会语言学、语言习得研究、课程理论，等等。从语言习得的角度可以解释任务型英语教学的必要性；而社会建构理论和课程理论可以阐释任务型语言教学的教学理念。魏永红认为，系统功能语言学的诞生对 20 世纪 80 年代以后的语言教学的发展产生了重大影响，包括任务型教学。同时她又从学习论的一些视角，如皮亚杰的认知发展论、布鲁纳的发现学习论、奥苏贝尔的意义学习论和社会建构主义学习理论以及教学论的活动教学来分析任务型教学的教学理念。下面我们重点从语言习得理论、课程理论和活动教学三个视角来理解任务型教学的必要性和意义。

语言习得是指一个人语言的学习和发展。此处的学习与课堂上教师的语言知识传授式的学习意义相对。我们通常说："Language is not taught but acquired."（语言不是教会的而是习得的。）语言习得理论告诉我们，在语言课堂上仅仅学一些语言规则和词汇意义并不等于就能自如地运用该语言了。Willis 通过研究语言习得发现，当学生做机械性的语言练习时，他们的注意力有意识地集中在语法形式上，可能看起来暂时掌握了所学习的语法结构。而一旦让他们用语言去交流，当注意力主要集中到语言的意义上时，语言错误就会很多。另外，Montgomery 和 Eisenstein 做过一个实验，他们把一个班分成两组，实验组教语法，但同时也有实践的机会，对照组只讲语法。研究结果表明，虽然实验组用于语法学习的时间少，但是实验组不仅交际能力强，而且语法测试的成绩也比单讲语法的班级好。因此，语法加交际比单纯讲解语法知识更能提高语言的流利程度和语法的准确程度。

语言习得理论并非反对教语法，而是提倡在学习了该语法项目后，能有实践和运用的机会，如在不同的情景或语境中反复接触含有该语法规则的实践机会，并在不同的情景中使用这些固定表达方式。只有不断地在真实情景中使用语言，才能逐渐发展自己的语言系统，这正是任务型英语教学所要追求的效果。语言使用在任务型教学模式中是指用语言来做事情，即完成各种任务。当学生积极地参与用目的语进行交际的尝试时，语言也就被掌握了。当学习者所进行的任务使他们当前的语言能力发挥至极点时，习得也扩展到最佳程度。课程理论是指人们对课程与社会、知识、学生等关系的规律性认识。英语学科课程理论是从学习者的角度，将学习理论、课程理论和教学实践综合的一种课程理念。它具体为由意识（awareness）、自主（autonomy）和真实（authenticity）三要素组成的3A课程观。课程理论有助于我们对任务型教学模式的教学理念做更深入的理解。

在3A课程框架中，vanlier首先提出意识的重要性。意识是指在课程学习时教师要让学生知道自己在做什么和为什么做，只有当学生明白自己学习的内容与他的生活或发展是有价值时，他才会投入注意力，对某物开始关注，有意识地参与，用心去感受过程，用心去反思效果。这份意识给普通教师的启示是：教学不能只给学生灌输知识点，而是首先要在思想上让学生明白学习的目的和意义。任务型教学模拟人们在生活中使用语言的情景，通过各种有明确目标的活动，使学生能有意识地参与语言的交流，从而掌握语言。学生一旦找到学习的价值，内动力被激活后，学习就进入第二阶段——自主阶段。

此处的"自主"指的是学习者可以根据自己的兴趣对要求完成的任务具有一定程度的选择权利，如可以自主确定总任务下的次任务内容，以何种方式完成任务以及小组成员的分工，等等。学习者被赋予了选择权，同时也被赋予了责任。学习者带着这份责任会尽力做事，这份发自内心的动力有助于对信息进行深度加工，增强学习效果。同样这份对自己学习负责的责任感有利于学生成为富有责任感的公民，最终达到民主教育的目的。学生通过参与任务型教学，不仅学会了语言，更重要的是学会了做人，因为学习过程就是人生磨炼的过程，这就自然要求学习过程的真实性。

VanLier的"真实"包括教材的语言材料没有被加工，课堂中使用的语言与生活相一致，更重要的是人的"真实行动"。所谓真实行动是指该行动是发自内心的、自愿的行动。在任务型教学过程中，学生想做的事情是他们自己想做的，他们的行为是自己选择的，他们表达的是他们的真实感受，他们所说的语言是他们想表达的，这才是真实；相反，不真实的行为是由外部因素引起的，是那些因为大家都这样做，或是被要求这样做，自己才这么做的事情。任务型教学鼓励学生表达自己的真实感受，传递真实信息，讲述生活中真实的经历，而不是背诵和转述课文。

活动教学主要是指以在教学过程中建构具有教育性、创造性、实践性、操作性的学生主体活动为主要形式，以鼓励学生主动参与、主动探索、主动思考、主动实践为基本特征，以实现学生多方面能力综合发展为核心，以促进学生整体素质全面提高为目的的一种新型教学观和教学形式。该教学方式有以下四方面的基本主张：①坚持"以活动促发展"为基本指导思想；②倡导以主动学习为基本习得方式；③侧重以问题性、策略性、情感性、技能性等程序性知识为基本学习内容；④强调以能力培养为核心，以素质整体发展为取向。

以上有关活动教学的基本主张表明，它与任务型教学的理念非常吻合。首先，任务型教学中以任务即"用语言做事的活动"为其基本教学组织形式。这样做的理论假设是有效的语言学习不是传授性的，而是经历性的，让学习者参与有目的的交际活动，在交际中认识、掌握、学会使用目的语是习得第二语言的最有效途径；其次，从学习方式来看，任务型教学积极倡导合作学习、交往学习、探索发现学习、体验学习等学习方式。通过用目的语交流、沟通、协商，完成任务的过程，促进交际各方在目的语的掌握使用上相互取长补短，促进各方中介语系统的扩展、修订、重构，从而使语言的输入也在语言的使用过程中，即输出过程中得到落实，语言的输出"能激发学习者从以语义为基础的认知处理转向以句法为基础的认知处理。前者是开放式的、策略性的、非规定性的，在理解中普遍存在；后者在语言的准确表达乃至最终的习得中十分重要。因此，输出在句法和词法习得中具有潜在的重要作用"；最后，从发展能力、提高素质的角度看，人作为社会个体，交际能力是最基本的生存能力之一。通过任务型教学，不仅语言水平得到提高，学生的沟通能力、合作能力也得到了锻炼和提高，因此，提倡任务型教学是一种有效的素质教育途径。

三、任务型英语教学模式的特点和原则

在任务的定义部分已经提及 Skehan 对任务型教学的五个构成因素，在此不再重复。下面将介绍 Nunan 提出的任务型语言教学的五个特点：①强调通过交流来学会交际；②将真实的材料引入学习环境；③学习者不仅注重语言的学习，而且关注学习过程本身；④把学习者个人的生活经历作为课堂学习的重要资源；⑤试图将课堂内的语言学习与课堂外的语言活动结合起来。这五个特点针对我国的高校英语教学来说，要特别注意以下几点：

尽可能地把英语课设计成各项语言活动，如回答问题、填信息表、设计课文提纲等，提供给学生进行真实情景下的、基于信息差的、有意义的交流活动。

注重语言知识的教学，但是不要单向的灌输，而是在任务布置后，让学生感受到我要完成任务必须得到必要的语言输入，先创造需求后以交互方式，在完成任务的情景中教学。

要充分体现真实性原则，即语言材料的真实，问题设置尽量以学生的实际为出发点，同时要求学生提供真实的感受和想法，教师也要以真实的思想与学生交流，以达到心灵的沟通。师生之间和生生之间通过这样的真诚沟通，加深相互的理解，使课堂上共同度过的时间更加美好。

随着对任务型教学研究的逐步深入，Nunan 在提出任务型教学的五个特点之后，又于1999年提出了五条教学原则：①言语、情景真实性原则；②形式—功能性原则；③任务

相依性原则；④在做中学原则；⑤脚手架原则。这五项原则相比他提出的五个特点，在理论上进行了高度概括，对教学实践具有更强的指导意义。第一项"言语、情景真实性原则"在上文中已经分析过。第二项"形式—功能性原则"中的形式是指语言形式，即有关语言知识本身，功能是指语言知识在真实情景中的运用。该原则要求教师和学生对语言形式和语言功能有清晰的认识；任务设计要注重语言形式和语言功能的结合，旨在使学生在掌握语言形式的同时培养其使用语言的能力。总之，在进行任务型语言教学时，语言的形式与语言的意义是紧密结合的。第三项"任务相依性原则"是指任务设计既要遵循由易到难的原则，又要充分体现任务之间的关联性，如总任务涵盖许多小任务，小任务环环相连、层层铺垫，随着小任务的完成，最后达到高潮，完成一个总任务。第四项"在做中学原则"可以说是任务型教学最核心的原则，"做"可以指我们前文中的"活动""交互"等概念，在此不展开讨论。最后一个原则是"脚手架原则"。该原则可以从两方面进行理解：一方面，教师设计任务，一定要适合学生的实际，让学生通过努力能够顺利完成，从而获得安全感和成就感；另一方面，在具体完成任务过程中，任务如何完成，任务的成果会是什么样的，教师都能在教学的初级阶段提供给学生一些可以借鉴的思路或样品。

第四章 大数据时代高校英语教学的理论研究

第一节 大数据时代下高校英语教学改革

现阶段人类社会迎来了大数据时代，教育大数据的到来给目前高校英语教学造成了很大的冲击和影响，与此同时也给高校的英语教学带来了一定的机遇。因此，高校英语教学应该顺应时代的发展，积极探索改革路径。教师可就大数据时代高校英语教学改革进行探析，先介绍大数据时代的特点，阐述教育大数据对高校英语教学的影响，然后提出大数据时代高校英语教学改革的有效途径。

近年来，我国的信息技术在快速发展，互联网已经渗透到各行各业，人们的生活、学习和工作已经离不开互联网，而互联网、物联网以及社交网络的介入让数据的增长速度越来越快，大数据时代已经全面到来。在大数据时代下，人们的生活、文化和经济都受到了巨大的影响，充分地挖掘和利用大数据是当前人们关注的热点问题。教育行业也是一样，在大数据时代背景下，教育行业也面临着改革。

随着信息产业和互联网的不断发展，各种数据的增长速度越来越快，人们的生活被各种数据充斥，海量的数据被充分挖掘和利用以促进各行各业的发展，其构成了大数据时代的基本要素。在大数据时代背景下，人们的思维方式和生活方式都发生了巨大的转变。大数据时代表现出其独特的特征，其具有更大的数据容量、更多的数据种类，并且数据的生成速度更加快速，往往在一瞬间就生成了大量的数据。大数据时代的数据价值密度更加分散，正是由于数据太过庞大，而其中具有重要价值数据所占的比例比较小，数据价值密度更加分散，这使人们对有价值的大数据挖掘和利用的难度也增加了。除此之外，在大数据时代下，大数据的呈现方式为可视化，人们可以通过直观的方式来观看和掌握大数据的变化。大数据时代的这些特征转变了人们的生活方式和思维方式。大数据时代的数据非常庞大和繁多，整体大于离散，海量数据总体的特性要比离散的特性更大，并且各种数据混杂，人们要想掌握事物总体的发展趋势，就要接收混杂的数据信息，而非一味地追求精确。大数据时代海量的数据在流通，人们更容易获取各种数据，而这就为高校的英语教学提供了新的平台，在大数据时代背景下，高校应该正确使用这一平台来促进英语教学的改革和创新。

一、教育大数据对高校英语教学的影响

教育大数据对高校的英语教学造成了强烈的冲击，成为高校英语教学改革的重要力量。从以往的高校英语教学来看，人们常常通过专家评判来判断一堂英语课的质量，从教师的课堂环节设计是否合理、各个环节之间的关联是否有逻辑性、教学活动的设计和教学目标是否契合、课堂上提出的问题是否有效等方面来评判一堂英语课是否成功。这种评判方式虽然看起来非常合理和科学，却缺乏对学生上课体验和感受的重视，一般是专家结合自己的经验来对学生的体验进行假想，总地来说往往忽视了学生的情感体验，而学生才是课堂的主体。要真正了解学生的听课效果，还需要采用可靠的数据和技术来进行分析和评判。教育大数据时代的到来取代了专家的评课，其以实实在在的数据来对每一节课的质量进行分析，教师的每一堂课以及学生的听课都会生成相关的数据，而通过对这些数据的分析，就能够了解教师的授课水平，也能够把握学生的听课效果，了解学生对课程的喜欢程度。大数据让学生的听课感受得到显现和量化，能够更加清晰地分析学生的课堂需求和对课程的学习态度，然后从学生的实际需求出发来对教学方式进行改革和创新，以取得更有效的教学效果。

二、大数据时代高校英语教学的改革途径

（一）将课上数据和课下数据融合来革新教学理念

大数据时代要想对高校的英语教学进行改革，首要的任务就是将课上的数据和课下的数据有效地融合来对英语教学的教学理念和教学思维进行革新。现阶段，大数据充斥着整个教育领域，课堂上教师的行为、语言以及学生的动态行为等都可以转化为数据，而这些数据都可以利用起来，为教学改革提供参考。但是仅仅依靠课堂上学生的行为和语言往往难以准确、全面地分析学生的成绩以及对英语课程的态度。除此之外，还要充分利用课下数据，加强对学生日常活动提供数据的分析。例如，可以搜集学生访问网络的数据分布来分析学生在线学习的行为，包括学生在课后是否会访问英语相关的学习网站、一般访问哪种类型的学习网站、在学习网站上停留的时间等，进行秒级采集，并对相关的数据进行分析，同时实现课堂上以及课后数据的采集分析，对学生进行多角度和多层面的评估，以此来帮助教师更全面、准确地了解学生的喜好，把握学生的英语学习态度、英语学习兴趣以及英语学习风格等，为课堂教学活动的设计提供参考。

（二）实现教学资源的立体多元化转变

在传统的高校英语教学中，课堂教学内容主要以教材上的资源为主，教学资源比较单一，并且非常有限，英语教学倾向于各种机械训练，教师不注重学习资源输入的多样化。在这种教学模式下，学生的学习效果往往难以得到有效提升，学生的学习主动性受到严重打击，并且英语应用能力也难以得到显著提升。而在大数据时代背景下，教师可以充分利用网络上的各种数据和资源来丰富英语学习资源，使学生的英语学习资源多样化，拓展学生的视野，让学生多学习课本以外的知识，还能够有效地激发学生的英语学习积极性，培养学生良好的英语学习兴趣。大数据时代，教师可以将大数据库中的影音、数据、图像等学习资源灵活巧妙地融入英语教学中，通过多样化的学习资源呈现方式来吸引学生的注意，激发学生的兴趣。总之，大数据时代让高校英语的教学资源更加丰富，学生不仅能够从教材中学习到固定的资源，同时还能够利用互联网学习更多的英语国家本土文化，并且可以通过视频、音频、图片等多种方式获取资源，促进高校英语教学和社会的有效结合，以此来拓展学生的学习手段。

（三）实现多种教学模式的应用

在以往的高校英语教学中，教师一般采用传统教学模式来开展英语教学，教师在讲台上讲解相关的知识，学生在座位上听讲，这种教学模式存在多种弊端。而大数据时代背景下出现了各种新的教学模式，主要包括翻转课堂、微课和慕课等，教师可以灵活地将多种教学模式应用到英语教学中，以此来改革英语教学模式，营造现代化的高校英语教学课堂。翻转课堂、微课和慕课是大数据变革教育的重要体现，这些教学平台可以通过海量的数据将学生集合在一个课堂上，促进师生之间以及学生之间的有效互动，同时也能够实现学生和机器人的互动。在大数据时代，高校英语教师应充分利用各种高效的技术手段和多种教学平台。从实际情况来看，使用大数据来支持多媒体教学的英语教学已经占据很大的比例，而充分利用大数据来开展英语教学能够吸引学生的注意，激发学生的兴趣，让学生对更具有活力和更新鲜的大数据支持下的教学模式保持高涨的热情，而这也是高校英语教学的重点内容。

高校英语教师应该学会利用各种教学工具和模式为自己的英语教学提供帮助。高校英语教学的目标只有一个，那就是要帮助学生熟练掌握英语这门语言。而要实现这个目标，教师必须利用一切可以利用的资源和教学工具，法无定法，目的只有一个，就是教会学生掌握真正的英语本领。世界上最高的学问不是学问本身，而是使用学问的学问。教师要让学生充分认识到英语是一门实用性比较强的语言，需要在现实中经常使用，才能真正掌握这门语言。

(四)整合数据实现个性化教育

大数据时代,高校英语教师还可以整合相关大数据来实现对学生的个性化教育。在大数据的英语教学中,人们对每一个学生不再采用平均的标准来衡量,教师也不能简单地应用平均水准来教学,而是应该关注个体,实现教学个性化。现有的高校英语教学是以一个班级为单位来进行的,个体需要服从群体,习惯采用平均数来教学。而大数据能够帮助教师了解学生更多、更准确的细节,将每一个学生的学习轨迹都记录下来,加强对每一个学生学习行为的分析,从而预测学生的学习难点,并针对个体提出对应的解决方案,这样就能够实现每一个学生的个性化学习,真正做到因材施教,确保每一个学生都能够得到提升和进步。

每个学生都具备自己独特的地方,高校英语教师应该充分发挥他们的特长。以前由于技术的限制,高校英语教师不能很好地实施自己的个性化教育和教学。大数据时代下,教师完全可以利用大数据的优势,发掘每一位学生的优势和不足,根据每一位学生的具体情况制定相应的个性化档案,以确保每位学生都能在自己原有的基础上取得进步,而不是在课堂上浪费自己的时间,学习自己已经掌握的英语知识,那样的学习是没有效率可言的。

现阶段,人类社会已经迎来了大数据时代,教育大数据对高校英语教学带来了重大的影响,给高校英语教学改革提供了重要的途径。在大数据时代,应该充分地挖掘并利用大数据,将课上数据和课下数据融合来革新教学理念,并实现教学资源的立体多元化转变,不断地丰富英语教学资源,将慕课、翻转课堂以及微课等基于大数据支持的教学模式灵活应用到英语教学中,丰富教学模式和教学手段,提高教学质量。除此之外,还可以整合各种数据来实现对学生的个性化教育,从而真正做到因材施教。

第二节 大数据高校英语翻转课堂教学模式

大数据时代下信息技术迅猛发展,颠覆了传统的教学模式。通过互联网与精确化数据,课程改革与新技术不断寻求整合,产生了较好的教学效果。作为一种新兴的教学模式,大学英语翻转课堂教学具有独特的优势,同时在运用过程中也表现出一些问题。本节基于大数据视角,阐述了大学英语翻转课堂模式及特征,对比了翻转课堂模式融入高校英语教学的优缺点以及线上网络学习资源现状和大学英语教师角色转变的问题,最后从学生、学校和教师三个角度探究了优化高校英语翻转课堂教学质量的对策与建议。

随着互联网的普及,智能化、数字化技术与教育领域深度融合,翻转课堂教学模式应运而生。作为一种新型的授课模式，其在大学课堂教学中的应用广泛。传统高校英语教学存在着不同程度的通病，导致学生的学习积极性下降，往往费时低效，教学质量始终参差不齐，教学效果难以有重大进展和突破。在大数据时代背景下，翻转课堂符合时代特征和要求，教学资源更加丰富，分享机制日趋健全，尤其是在学校的大力支持下以及成熟网络技术条件的保障下，能够充分赋予学生的学习自主权和探究权，凸显了双向性、民主性和交流性，带来了全新的教学体验，最终实现知识的全面内化。

一、大数据背景下高校英语教师转变角色的必要性

现阶段，高校英语教师的教学定位。目前，大多数高校英语教师拥有课堂的绝对主导权，以教师直接讲授为主，学生处于被动的地位。教师作为教材的跟从者和演示者，英语教学模式单一，网络技术应用不纯熟，按部就班地讲解课本，很少会为学生补充感兴趣的内容。教师是课堂的主讲人，久而久之成了知识的传输者和讲解者，学生在单调的语言环境下，难以身临其境地进入自己思考的空间，对待差异化学情也无法实现量体裁衣。在课堂活动的组织过程中，甚至还在延续板书、录音机和幻灯片等有限的固化模式，不仅缺乏氛围，还会让学生产生抵触情绪，记忆和学习效果自然差强人意。而在作业本和试卷的评价环节当中，传统发布指令者的方式，规划性和有效率都难以保证。

翻转课堂下教师逐渐转变角色定位的紧迫性。由于高校英语教师教学定位存在诸多不足，导致教师的主体性过强，主要体现在专业知识和系统教育的灌输，学生个性化创造力的开发教育受到制约，统一模式的推进无法做到因材施教。同时教师偏重知识传授，程序性知识相对较少，创新意识与时代发展日渐脱离。此外评价标准单一，依然延续应试教育的约束，导致学生实践能力严重不足。尤其是对新技术应用缺乏深度认知，新型教学模式不够普及，使得教育的定义被锁定，教学活动的开展没有综合考虑学生的需求以及就业。

二、大学英语翻转课堂模式

翻转课堂的内涵及特点。众多学者对翻转课堂的诠释并不统一，主要来源于表达方式和界定角度的不同，但实质上来讲，翻转课堂的内涵以及实施过程却趋于一致。一方面，学习知识到内化知识的流程依然是主旋律，无论如何创新，翻转的是结构而不是流程；另一方面在师生角色的转化过程中，教师向引导者身份转变，而学生的主体地位得到了很好的诠释，积极主动的学习成为常态，师生课堂交流、互动进一步深化。翻转课堂与微课等网络教育模式不同，学生吸收知识依然需要课堂交流互动得以保障。

翻转课堂颠覆了传统教学模式，重新规划了课堂内外的时间。首先遵循以学生为中心的原则，对学生的基础情况进行摸查，制作开发和选择相应的教学资源，学生通过课前自

主学习的方式，开展交互式学习机制，形成了个性化学习氛围，以网络信息平台为基础，依托课堂展示学习成果，有效地利用现代信息技术的价值和优势辅助学生完成知识内化。师生角色和职能的转变，对于培养学生自主学习能力极为有利，不仅符合语言教学的趋势和实际需求，而且学生的积极性将会极大增加。

翻转课堂教学流程。翻转课堂教学模式的共性在于可以按照时间维度和空间维度进行划分，其中前者包括课前和课中或课下和课上，而后者则覆盖网络自学或面授方式。在颠覆传统的课堂教学氛围下，学生事先借助网络平台或移动终端的智能学习工具进行自主化学习，之后在课堂上教师根据学生集中出现的问题组织合理的教学方式开展协作化教学，同时兼顾答疑和成果展示，最后完成后续跟进的评价和反馈。其中，学生自主学习的重要性不言而喻，需要学生具有很强的自律性，当然教学资源要能够引起学生的兴趣和共鸣，充分考虑学生的需求，将学生作为整个课堂的中心。

三、翻转课堂教学应用于高校英语教学的机遇与挑战

优势分析。翻转课堂教学模式的知识呈现方式更加新颖，利用微视频、微课件结合新知识资源，不仅更加灵活和个性化，而且精选或精心制作的课件可以有效地激发学生的学习兴趣，而且教师重复教学负担得到了有效缓解；由于教学以学生为中心，因此形成了协作式课堂学习活动的新机制，潜移默化地提升了学生的实践与创新能力，提供了更加充裕的个性化学习创造力条件；基于翻转课堂教学模式的教学特点分析，知识的传授主要在课前实施，在相对自由的学习环境下，既可以满足学生的个性化学习体验，同时还可以助力大学生自我调控能力的生成，而且可以同步咨询求助或搜索问题的难点。此外大学英语教师综合素质较高，信息技术应用能力也是出类拔萃，拥有良好的互联网信息技术、网络教学资源开发以及快速接受新兴事物的能力。

劣势分析。翻转课堂在我国高校应用和推广时间并不长，尤其是在英语教学当中大范围应用并未取得广泛的实践经验成果。这一方面源自教学视频选择与制作具有不同程度的难点，需要高成本的支撑。而且本身授课对象就是大学生群体，翻转课堂内容及制作与教学的相关性较小、简单的教学视频学生不认可，高质量具有特色、实效的系统教学视频又要花费较长的时间和精力，需要团队协作支持。另一方面，翻转课堂教学模式与高校英语教学的兼容性依然有待于进一步的研究和总结。英语学科属于文科类，考虑本学科知识的系统性与结构性，微视频的制作与其他理科类课程相比还存在一定的差距，如何设定翻转课堂的比重以及制作何种类型的微视频，都需要在借鉴过程中遵循本身的特点，不断地尝试和改进。

机遇与挑战。高等教育信息化是社会发展的必然趋势，而且一系列相关教育政策法规的出台，也表明了国家对教育领域应用互联网技术的重视和决心。解读《教育信息化十年

发展规划》以及《国家中长期教育改革和发展规划纲要》可以得知，翻转课堂教学模式将会成为今后教学的主流应用形态。此外慕课教学兴起以及大型开放式网络课程的深入人心，不仅可以分享其中海量的微视频和微课件，还可以随时随地进行自主式探究学习。

然而，受传统根深蒂固教育观念的制约，翻转课堂的开展并不会一帆风顺。其中不仅仅是教师难以在短期内改变自身的角色定位，而且学生也不会完全适应离开教师主导的自主性学习方式。颠覆式的教学模式对大学生自主学习与调控能力提出了考验，面对无人监督以及互联网的种种诱惑因素，学习效率难以保证。此外快速发展的大型开放式网络课程以及学习时间重新分配都是潜在的影响学习效果的因素。

四、基于大数据视角的高校英语翻转课堂教学模式探究与建议

在大数据时代下，赋予了翻转课堂线上教学新的生机，将其与传统课堂教学相结合，不仅能够集中采取针对性的交流和指导，还为学生创设了更多灵活自由的学习空间。随着高校英语教学改革的深入推进，翻转课堂教学将会得到更为优化的应用。根据大学英语翻转课堂教学的不同影响因素划分，从以下三个角度探究两者融合的最佳出路。

学生层面。大学生应该明确自身主体角色，全力配合教师的教学行为。本着对自己负责任的态度，培养自我调控能力，积极主动参与课前的各种活动。在小组作业和讨论过程中，根据自己的实际情况。在自主学习知识内化阶段中，把握节奏完成知识内化阶段的转化。在大学英语翻转课堂教学中，学生要树立主体意识，提升课堂参与度，进行自我知识建构，形成自主性知识探究动机与热情。如果遇到问题，要及时大胆地向教师提出，不断地汲取和建构积极的学习体验。在线上教学过程中，大学生还要及时督促和管控自我，应明确学习目标，培养良好的意志力，设计和执行科学合理的学习计划，加强小组沟通与协作，拓展和延伸混合式教学模式，营造团结、互助和友爱的协作式学习氛围。

学校层面。高校要为大学英语翻转课堂教学提供坚强的后盾，提供大量精良的现代化教学设备，同时引入多元化资源平台，加强校园网络的流畅性。一方面，要特别注重重塑教育观念，打破传统教育观念的束缚，从学校指导层面引导教师更新教育观念，采取多样的协作式课堂完善线上教学平台。由于目前高校英语翻转课堂教学还处于起步阶段，很多平台还需要进一步开发和完善，为此要提升功能的可操作性和易用性，采取多种途径加强平台建设投资，完善平台的功能；另一方面，确保快速且顺畅的网络功能，为学生增加互联网接入口的数量，继续提高校园网络宽带，为开展线上网络教学提供保障服务。

教师层面。高校英语教师要在提升自身现代教育技术能力的基础上，加强对学生课前学习的掌控力度，在课前环节确保学生能够取得良好的学习效果。众所周知，课前学习效果对于英语翻转课堂具有不可替代的重要性，为了保证课堂教学的有效性，需要列出课前任务单，督促学生对照评分标准及时完成。在参与混合式学习过程中，教师应该针对学生

的心理投入、努力倾向，实施个性化的线下教学。在视频和课件制作环节，要根据学生现有的发展水平，设计科学合理的提问和任务布置，把握好题目的难易程度，使学生可以获得积极的自我效能感。与此同时，教师要继续提升现代教育技术能力，做好教学评价方式的完善工作，利用QQ、微信等社交工具对学生情感、态度进行鼓励性评价，和谐的师生关系有助于取得更好的教学效果。

总之，随着大数据时代的到来，高等教育信息化已成为必然趋势。高校英语课程教学应该与时俱进，积极引入翻转课堂教学模式，明确自身主体角色，调整线上资源分值比重，完善网络学习硬件设备设置和课堂评价机制，增加与考试有关的练习题，激发学生参与课堂的积极性，有效监督指导学生进行自主学习，增加课堂学习支持工具软件功能。教师则应找准定位，提高翻转课堂教学驾驭和掌控能力，重视以人为本的理念，尊重学生的个性和认知，综合考虑各方面的因素，形成具有感染力、凝聚力的教学机制，避免课堂模式流于形式，强化线下课堂师生互动效果，有效地弥补传统教学模式的不足，提高课堂教学的效率与质量。

第三节　大数据高校英语空间教学行为优化

在以网络空间教学平台为媒介的数字化教学中，教育技术不应成为实施数字化教学的壁垒，而应该为教师数字化教学和学习者个性化学习提供良好适宜的环境。教师的教学行为主要体现在教学资源的优化、教学过程的实施、教学处方的开设等方面。教学行为的优劣决定了差异化教学效果的好坏。教师的教学行为对英语学习者的学习行为、记忆行为、表达行为产生显著影响；学习者的学习行为不断优化，使其个性化学习成为可能；师生交互行为能更好地促进教师教学行为和学习者学习行为的优化，从而实现教师教学效果和学习者学习效果的提升。

随着网络教学的进一步运用，网络教学已经经历了"以技术为主的单向传递"1.0时代、"以教学论为主导的双向互动"2.0时代、"网络教学论为主导的全方位"3.0时代。随着大数据技术在教育领域的发展，网络教学即将进入"以数据分析为主导的立体化"4.0时代。以数据分析、教学运用、"教学处方"开设等为载体的教学行为、学习行为、教学管理行为将发生各种变化。

一、教师教学行为：差异化教学的前提

英国学者维克托.迈尔舍恩伯格在《大数据时代》一书中指出："大数据是人们在大

规模数据的基础上可以做到的事情,而这些事情在小规模数据的基础上是无法完成的。"教师利用大数据分析结果,可以根据学生的个性化需求定制教学内容和进度,帮助教师找寻最高效的教学方式。具体落实在英语教学上,教师的教学行为包括教师的观测行为、设计行为、分析行为和评价行为。

(一)观测行为:相关关系的发现

教师在进行教学反思时,总是试图寻找学生英语学习没有取得进步的"原因",这种反思往往关注的只是事物个体特征,而大数据分析往往看到的是事物之间的相关关系。教师对学习者行为的"观测",并非在于关注"怎样学得最好",而应关注具体的学生的行为以及这种学习行为与学习效果之间的关系。教师根据学习者的各种学习行为特征将学生进行聚类,并根据不同类别的学生,跟踪他们在网络学习空间的行为,观测他们学习不同资源和具体知识点的顺序和效果,利用资源的时间点、访问资源的频次、学习的集中时间段、学习者语音或词汇出错频次等数据来找寻学习行为与个性化学习效果之间的相关性,得出一些关联规则,并对学习者行为进行概率预测与分析。通过对实验班级学生大学英语课程学习行为的关注,我们可以发现:英语学习者学习英语的有效程度与学习者的母语程度存在相关性;女大学生在英语学习中表现得更出色。如果教师在教学实践中更多关注这些特点,根据不同学生的学习特点来上传不同学习资源,分配不同学习任务,学生才能根据自身学习情况选择合适资源进行有效学习。教师在教学中需要及时"观测"学生在课堂内外的表现,抓住学生的有效学习,并积极鼓励学生参与教学活动,根据学生的反馈程度进行教学设计的调整与教学方式的改变。教师只有从日常教学实践中不断观测—反思—实践,才能实现自身专业成长,帮助学生不断地提升自主学习能力。

(二)设计行为:实施教学的核心

教学设计行为是教学理念的综合体现,是教师教学方法调整、教学反馈执行与课堂教学管理改变的集中体现,是实施有效教学的核心要素。何时上传何种教学资源,课堂教学如何展现,作业布置形式等需要教师进行精心设计。目前使用网络学习空间开展教学的部分教师还停留在海量数字资源上传的"初级阶段",教师个人空间存在"僵尸资源",空间运用存在资源堆积、课程设计缺乏等问题。而通过大数据分析,可以发现哪些资源没有被启用,哪些资源被学生访问的频次高,以便于为教师后续资源推送提供参考。

教师教学实施中资源被运用的频率、教师"诊断"学生语音、场景会话中存在的"学习盲点"并开展有针对性的教学活动状况、教师批改作业的频次与及时性等状态数据在教学空间中留下的"轨迹",是教学管理者对教师评价的重要参考依据。教师通过平台后台数据可以观测学习者的学习状态,从而为不同学生推送个性化学习资源、开设有针对性的学习处方。教师可以根据学生的出错频次进行教学设计的改变，教师对空间的设计能力直接影响教学实施的效果。教师对学生网络学习空间资源的数据信息进行整合和分析，了解学生个性化成长轨迹，进而为后续资源建设以及教学设计提供有针对性的建议。

（三）分析行为：预测规律的基础

一个人在看待整个世界以及世界中的所有事物时，要从物质事物转向交互作用，并把它看作一个收集和分析数据的平台。教师只有运用大数据思维来尽其所能测量、检测学生的学习行为，才能更好地发现学生做什么才最为有效。教师只有成为学生成长过程中的合作伙伴，找到学生与学习行为之间的连接点，才能更好地为学生推送有价值的学习资源。教师根据学生在课堂教学中的表现，并利用空间动态化数据分析教学实施和教学处方开设过程的可能性规律，能为如何为不同学生推送个性化学习资源、开设有针对性学习处方提供参考。在实验班教学中，我们发现：教师上传学习资源的时间影响资源被启用的程度。通过对这一现象的分析，我们发现：学生学习时间与教师空余时间的不一致导致教师上传的资源没有被及时启用。教师需要对这些显性数据进行分析来发现学习者的学习动机，并对这些现象进行归因分析，以找寻更有效的学习方式。

（四）评价行为：实施反馈的前提

空间学习活动"观看视频"时长、在线测试情况、参与互动频次等留下的学习行为痕迹是教师对学生学习过程评价的重要依据。教师对学生学习行为表现进行合理、客观的评价是引导学生课堂教学活动有序开展和自主学习的重要条件。网络空间学习的评价不仅关注学生学习参与程度、专注程度，更应该关注学生在交互活动中参与的频次与效果。教师教学评价的结果及效果与评价标准的合理性和评价执行过程的客观性相关，评价过程不合理势必会影响评价的结果。尤其是小组协作完成作业时，如何界定小组成员合作的程度，如何根据小组成员的不同表现进行评价会直接影响小组协作的积极性与有效性。通过网络学习空间实施的评价更能做到"用数据说话"，教师教学评价对学习效果呈正相关关系，起引导、激励、监督作用。研究表明，评价结果的使用也会直接对教师的课堂教学行为产生积极或者消极的影响。

二、学习者学习行为：个性化学习的体现

不同类型的学习者在学习不同资源和知识点的顺序和效果不同，通过对学习者在空间留下的"痕迹"，可以分析出学习着掌握利用资源的时间点、访问资源的频次、学习的集中时间段、学习者语音或词汇出错频次等，通过这些数据可以了解学生个性化成长轨迹，为教师后续资源建设以及教学设计提供建议。

（一）聆听行为

与传统教学模式相比，网络空间教学能实现全面记录、跟踪不同类型学习者的不同学习需求与听力训练的情况，教师可以根据学生已有的学习基础和在空间学习行为，了解学生动态化的学习轨迹。通过可视化的数据分析，教师可以得知学习者在听力训练中匹配答题情况及答题过程，从而有助于教师在以后教学设计中进行针对性的强化训练。课堂听力教学，学生与教师之间的互动关系为听力材料播放—听力材料理解—听力练习答案核对，不同层次学生听力水平与听力需求差异较大，无法得到个性化匹配。利用大数据与自然语言算法将搜索数据与个性化需求相匹配，基于大数据的个性化自适应在线学习分析模型及实现，从而能够发现原本隐藏的学习行为信息，教师通过这些行为的相关数据实施预测或干预，用于教学评价与反馈，有利于学习者听力水平的提高。

（二）阅读行为

空间阅读教学设计中"课前学习—解决问题—课堂互动—课后作业与检测"一系列的教学行为活动形成了"催生疑问—解决疑问—应用知识"的学习过程链。大数据分析通过学生完成阅读任务的先后顺序来判断学习者对文本材料的理解程度，也可以对学生的阅读理解思维进行"跟踪记录"，发现学生阅读习惯。在课堂教学过程中，教师需要对学生的阅读状态进行关注，观测学生注意力是否集中，阅读理解的目标是否达到，课堂教学中的阅读任务完成与空间阅读作业完成状态是否匹配。学生主动获取阅读材料的主动性不高，而更愿意阅读教师上传的阅读资料，且学生更愿意阅读与应试相关的材料。大多数非英语专业学生并没有坚持每天阅读的习惯，通过"打卡式"阅读学习任务单的形式更能帮助学生建立良好的阅读习惯。教师可以通过大数据分析结果，找到学生阅读中的"共性问题"，并及时进行反馈。

（三）记忆行为

对于英语学习者而言，词汇的记忆成为影响听力、阅读、写作的"障碍"，据研究发现，教师的基本语言知识与阅读教学能力相关，其中最突出的表现为：教师的词素意识最能预测其教学能力。英语学习与其他学科的学习一样，不仅需要投入学习的时间，更需要投入的不断反复。教师在教学中运用信息化技术手段能有效激发学生兴趣，激励学生积极参与小组活动讨论，通过组间竞赛、小组截图贴图、小组展示、教师点拨等环节的活动，构建多层次间的反复互动，强化学生知识运用，帮助深化其记忆行为。大数据时代，通过网络学习平台学生可以轻松地获取常用词汇在大学英语四、六级考试中的出现频次，一些学习软件还提供了词汇在句子中如何运用的小视频。在实践教学中发现：教师对词语使用频率做了统计，并详细汇报了词语使用频次数据高的词汇学生掌握得更牢固；教师提供了词汇学习小视频的词汇，学生学习兴趣更浓厚。因此，在教学过程中教师可以充分地利用这些数据，分析出学生感兴趣的学习内容和最有效的学习方式，在教学设计时，尽可能利用大数据技术，丰富大学英语课堂教学技巧，为学生营造良好的学习氛围，以提高学生大学英语学习的兴趣。

（四）表达行为

教师最大的教学智慧不在于展示自我表达能力，而在于唤醒学生运用语言知识进行自我表达的欲望。英语口语表达能力的提高很大程度依赖于学生课后自主学习的时长和效率。据研究发现，学生自主性时频率较低，且学生在认知与情感方面的自主性较高，而行为自主性最为欠缺，且学生之间的行为自主性情况的差别也最大。学生英语口语表达能力的提升需要在课堂教学中进一步强化，教师应更多关注学生在课堂教学中的参与状态：小组成员是否全员参与讨论，小组汇报是否成员间轮流进行，小组汇报效果怎样，各小组表达中存在的个性与共性问题。在实践教学中发现：在小组活动中，经常进行展示汇报，积极进行质疑，主动发起讨论的学生口语表达能力提高程度显著。口语表达能力强的学生更愿意积极主动地对小组成员或对其他小组表现进行评价，且其评价相对更客观。积极参与留言讨论并及时完成空间学习任务的学生书面表达能力更强。因此，教师应通过平台及时收集学生常见的书写表达问题，根据对这些"学习证据"分析归类后，在写作教学中进行反馈与强化。

三、师生交互行为：教学效果的彰显

学习者与教师的互动行为体现在他们参与空间互动栏目的程度、参与互动交流的时间点和频次等方面。通过对教师教学轨迹、学生学习轨迹、学生空间测试数据、学生活跃度、阅读量数据、听力训练数据等之间进行关联规则，能发现教学过程中师生互动行为与学习者学习效果之间的相关性，从而帮助考试了解师生交流的最有效途径与时间段，为教学效果的提升提供参考。

（一）师生互动

正如世界著名教育家、哲学家弗莱雷所言"真正的教育不是通过'A'for'B'也不是通过'A'about'B'，而是通过'A'with'B'"，师生互动是语言类教学的基本范式。空间教学使得师生互动更加便利，不受班级规模的影响，能根据学生个体实施互动交流。空间教学实现了课堂内外的"翻转"，其基本目的是满足学生个性化的学习需求，让学生得到个性化的教育，理想的翻转课堂实施的是真正的差异化教学。大数据分析则能通过对师生互动交流的时间段，交流频次的结果，发现不同类型学生自主学习规律，发现学生自主学习进度，更有助于基于个体的交流方式。研究结果表明，在教学活动中构建愉悦的课堂氛围，能提升学生与课程、学生与教师之间的情感联系，实现良好的教学效果。师生之间通过教学空间突破时空的限制，最大限度地调节学生的学习投入。新时代大学生在"面对面"课堂会由于羞于表达，再加上班级人数限制等问题，师生互动受限，而空间在线交流能突破时空的限制，最大限度地调节学生的学习投入，增加学生表达与师生互动的机会。教师可以根据学生在空间平台互动"学习轨迹"和课堂教学中师生交往状态的大数据分析结果，找到学生自主学习和互动交流的规律，选择更合适的交流时间段，调控共同探讨交流的机会，这样能更大地提高师生互动交流的效率。在情景学习中和协作学习活动中，师生互动效果更好。师生互动程度高的班级，学生进步程度更显著。与教师互动频次越多，在小组活动中展示频次多的学生进度幅度更大。当师生互动停留在简单的"提问"与"答问"阶段时，学生思维含量低，学生进步空间较小。通过对大学英语课堂观察发现：师生间"讨论式互动"比"提问式"更能激发学生兴趣；课前有空间互动为基础的班级在课堂讨论中学生更能积极参与；教师"开放型"提问比"封闭性"提问更能引导学生积极思考。师生互动应集中于对"线下课堂"中出现的关键问题，并构建深入讨论的情境，开展师生间的多向互动，才能实现有效互动。

（二）生生互动

空间教学的开放性和互动性使得生生之间的交流时间和空间更加灵活，课堂教学活动得以延伸，使学生在课堂上对没有理解的内容进行深入交流。在课堂教学过程中，学生与教师的互动积极性较差，他们更愿意选择"线上"交流方式。空间教学平台为学生间的生生互动提供便利，使那些遇到问题不愿意主动地求助于教师的同学提供更多交流机会。可以说，空间教学使"你问我答，有问必答"成为可能，真正意义上的个性化教学、异步教学在空间教学平台得以彰显。通过对"留言板"和"讨论区"中自动文本分析，根据其关键词的出现次数来确定学习者类别，并根据人工编码。教师可以根据大数据分析结果，提炼教学重点和难点，在课堂教学中进一步强化。通过实验班的教学实践发现：由学生主导的提问，学生间讨论较为热烈，参与积极程度较高。在"作业布置"环节中，生生讨论程度高的问题是学生感兴趣的话题或者教学中的重点与难点问题。同伴之间的交往程度高，学生的学习进度程度更高。在网络空间教学这个大系统中，同伴—教师—学习资源各要素之间需要相互协作，才能发挥其最大效能。

（三）师师互动

大数据下的"合作性"学习可以是"师生"组合，"生生"组合，甚至可以是"师师"

组合。教师通过网络学习空间可以共享"云资源库"的教学资源，并通过"教研苑""我的教研室"进行教学问题研讨。教师间的互动除了教师间如教学经验分享、情感交流等"显性"互动交流外，教师间互动还包括教学理念、教学方式的相互影响等"隐性"互动。教师通过"师师"互动能强化教学反思，帮助教师构建自己的教学观，形成个人教学风格。"师师"个体互动受"群体互动"环境的影响，能有效地促进个体专业发展和群体凝聚力。网络空间学习平台为教师间的"师师"互动突破了过去面对面教研室讨论的局限，可以跨院校间研讨交流。"师师"互动的优化是教师自律文化形成的关键，是教师构建"专业学习共同体"的必然趋势，是教师专业成长和教学风格形成的一种"存在方式"。目前网络空间平台中"师师"间互动需要突破"日常"教师间"显性互动"，而需要构建教师互动共同体，教师间开展更深入的关于教学理念的变化、情感态度的体验等"隐性互动"。教师间的行为互动逐步转化为心灵的互动，从而达成教师间的理性交往。网络空间互动能使两人间的互动转化为多人互动，引发更多人的思考、质疑、碰撞，呈现多角度的交互性。大数据时代的教学设计可以集教师集体智慧实行"众筹教学"，让教师间的教学设计—教学过程—教学反思—教学反馈在不断地交流与碰撞中得以最大限度地优化。

四、高校英语网络空间教学行为优化策略

教师通过对学生的多维信息坐标体系的观测，实现"教学资源的精准匹配—个性化教学设计—差异化教学处方—有教学行为痕迹的教学过程—动态化教学评价—针对性教学实施—客观性教学记录—新一轮教学设计"教学模式的良性循环。

（一）采取大数据思维进行精准教学设计

教师在教学过程中的各种行为，主要包括何时提问、何时讲授、何时开展小组活动、何时创设情境等都直接影响学生学习效果。而这些行为都需要教师进行精准化教学设计。信息化时代空间教学过程的动态性及复杂性，使得课堂教学的不确定因素增加，教师的教学设计不能遵循某一既定模式。有针对性的教学设计能使教学过程更生动有趣，学生的创造性思维能得到更好的发挥。

教师可以通过教师和学生在空间的"活动数据"记载情况，实时掌握教师教学实施情况和学生学习情况，并通过学生的反馈行为灵活调整教学计划，并在教学过程中根据班级的不同特点设计个性化内容。空间教学设计，容易使课堂中出现教学设计之外的"节外生枝"的问题，教师若能捕捉或创造更多这样的机会，学生参与程度与学习效能也能得到进一步提高。大数据思维不仅能帮助教师看到"云空间"的庞大数据，而且需要对数据进行聚类分析，看到数据之间的相关性，并发现事物与事物之间的相关性。教师在小组活动设计环节时发现：学习合作小组展示中，性格外向型组合更愿意以"情景剧"表演的方式呈

现，性格内向型组合更愿意以"一问一答"方式呈现，英语基础薄弱的小组更愿意通过讲解单词与词组。因此，在下一轮教学设计中，教师尽可能地照顾到不同组员的特点，鼓励小组成员间和小组间的相互交流与合作，以帮助学生更全面地锻炼学生各个方面的能力。教师只有做到以"数"为"据"，才能及时地掌握学生的学习任务完成情况和后续教学重点和难点，才能开展精准教学设计。

（二）利用大数据预测结果完善差异化教学过程

教学过程是师生心理活动的过程，空间教学加快了师生交互作用的进程，教师教学任务的设计可以通过学生空间"访问痕迹""留言痕迹"得以实时反馈。教师对教学知识点的安排以及教学进度的安排以学生的"个人学习数据"为依据，及时收集学生的学习知识"盲点"。教师可以通过回看、反复浏览学生数据来分析学生普遍存在的"疑难问题"，也能发现部分学生的"个性问题"，并对不同学生行为进行分析，预测学习者学习规律。比如，教师通过发现不同学生上交作业的时间分析预测学生最有效学习时间段，并根据他们的特点调整作业任务。教师可以根据小组作业贡献度排名来判断小组协作中各成员情况，并根据一段时间的表现来分析并预测小组合作效果，并根据情况适时调整小组合作的形式和作业呈现方式。教师利用大数据预测结果，能促使教学设计—教学过程—教学反馈—新一轮教学设计这一循环过程产生积极效应。教师根据学生对教学资源建设、互动讨论的参与程度，来判断学生的学习进程和学习效果，从而在课堂教学过程中开展有针对性的教学。在教师实践教学过程中充分发现：英语学习基础差的学生更不愿意完成书面表达作业，在此类型作业花费的时间较少，更不愿意课堂上主动发起提问，英语学习提高幅度更小。教师对这类任务完成情况不高的学生实施教学干预，有针对性地布置"啄木鸟"挑错任务等，让学生从自己常见表达的错误入手，来逐步改变学生英语表达习惯。

在教学的不同过程与阶段，学生的学习行为都会留下一系列的"个人小数据"，数据与数据之前相互联系与影响，形成该课程教学的"系列大数据"。课前采集的数据，是课堂有效教学的基础，课中、课后采集的数据，既是调整教学节奏、开展个性化辅导的依据，同时又是因材施教、推进分层教学的证据。以数据分析为基础的空间教学促发教师教育教学从"经验主义"逐渐走向"数据主义"，将使课堂教学从关注"宏观群体"到"微观个体"的转变，让课堂教学发生在每个个体身上，使差异化教学成为可能。

（三）根据大数据反馈行为开设针对性学习处方

空间教学使得师生和师生之间的"庄严感"弱化，在"寻找"与"探索"中得到更多探究知识的乐趣。学生在师生关系中逐步告别"聆听"，开始走向"质疑"；学生对于知识的态度，也需要从"理解"转向"反思"；学生对于教学方式也从"适应"教师，转为对自我认知的"超越",在学习方式上,学生的"体验"要比教师"经验"更加重要。在这种教师与学习者行为转变的背景下,教师对于个性化学习的指导,需要强化学生的发展性思维、反思性理解力、体验性认知等方面。教师根据学生空间的"浏览痕迹"可以得知学生对不同类型资源的浏览频次,了解学生对学习内容的喜好程度,从而及时地推送、更新学习资源。教师通过课前学习资源被访问的时间,学生完成学习主题"lead-in"问题的时间和答题情况,可以得知学生对知识点的掌握程度。课中教师可以根据学生"group-work"活动反馈出的问题进行强化训练,并进行及时测试,收集学习后学生的掌握情况。课后学习作业的提交时间,答题情况等为下一模块的学习和讨论提供了训练素材。

如在实践教学过程中,教师发现某些班级学生课前自主学习完成情况较差,课前"lead-in"问题主观题完成人数不理想;课中"group-work"汇报总是集中在少数人,课后作业完成中的错误"雷同率"较高。教师通过一段时间观察与课后交流发现,该班学生英语学习基础薄弱,对于教师以"自主学习"为指导的翻转课堂方式很不适应。这些学习行为特征为教师下一步教学方式的改变提供了及时反馈,在教师的积极引导下,学生英语学习的学习习惯逐步改变。教师通过一学期"课前"—"课中"—"课后"一系列学习行为和学习习惯中可以找寻不同学习任务和不同教学环节学生的学习规律和特点,从而采取不同的教学方法,设置不同的教学任务,让学生形成良好的自主学习习惯。

(四)实施大数据关照下的动态化教学测量

大数据之大,不仅仅意味着数据之多,同时还意味着每个数据都能在互联网上获得生命、产生智能、散发活力和光彩。大量实时的数据让课程评价与教师教学评价中的"让数据说话"成为可能。对课堂教学中的所有数据进行统计分析,并实施及时反馈,能实现教学测量的过程化、动态化与精准化。大数据分析能直观地呈现学习者学习效果的轨迹,这种及时有效的反馈能帮助教师强化学习行为,激发学生自主学习动机,为进一步教学实施提供参考。大数据时代的教学评价以数据为基础,呈现多元化、动态化等特征,然而,教师不能过度依赖数据,将数据当作行动指南会导致学生的很多潜能常因为没有"药引"而未被激发出来,大数据只是作为教师找寻学习行为与学习效果相关规律的一种技术手段。

每个教师根据学习者行为特征采取的教学设计的调整以及教学资源的更新,在空间所留下的"痕迹"构成系列小数据,学习者参与程度、互动情况在空间所留下的状态数据也是大数据的一部分。因此,教师在进行教学测量时,需要随时关注数据的动态性:各协作小组整体表现发言积极程度的变化,小组成员参与程度的变化,学生学习能力与初始测试的变化幅度,学生作业的平均值等,而不是以一次测试成绩作为测量学生学习效果的依据。

面向未来的教育,不同于工业化时代"大规模批量生产"的人才,而是要更加关注学习者的个性化学习能力的提升。基于大数据的学习行为分析及时记录学习者的学习过程,根据学习者的不同特征进行个性化学习资源推送，是未来英语教学改革的可能趋势，既符合数字化时代的特征，同时又是未来可持续发展空间学习生态的重要标志。

第四节　大数据对高校英语教育教学的影响

随着世界经济一体化的到来、信息技术的高速发展，尤其是互联网及各类移动终端的普及把人类带入几乎涵盖所有行业的一个大数据时代。大数据时代的到来使高校英语教育模式发生新的变革，无论是教学形式、学习行为，教学评价、教学理论、教学资源以及教学评估等各方面都随着大数据的变化而作出相应更新、改进。笔者结合实践教学活动，从大数据对现代英语教育的影响及运用进行了深入探索与研究，并提出了相关优化措施。

大数据时代，大学英语教师面临新的挑战，传统英语教学模式受大数据影响与冲击，已经逐渐转变和改进。数据的集中以物联网、数据库技术、云计算等综合技术的成熟为基础，数据是过程性和综合性的考虑，它更能考量真实世界背后的逻辑关系。大学英语教师在大数据相关知识的整合、教师职能与角色的转变、学生主体个性化发展与变化、新型教学设计和教学评价等方面面临巨大挑战。如对一个学生英语考试成绩的研究，可以依靠大数据进行分析，综合考虑这个学生的家庭背景、努力程度、学习态度、智力水平等数据，这些数据正是学生所得分数的正面反映，教师可以根据数据给同学进行相应教育和帮助。但是需要教师有相关的知识储备，有大数据整合能力。所以，教师要适应大数据时代大学英语教学改革的趋势，从而实现良好的教师职业发展。大学英语教师要加强大数据整合能力的培养以适应个性化教学的需求、改进课堂教学模式和方法以切实提高学生的英语应用能力，提前做好自我准备以适应大学英语教学的一系列变化转型，参加相关培训和研修以提高自身教学的科研水平。

一、大数据时代教学方式的特征

传统教育模式是随着工业时代经济集中批量生产的模式产生的，其主要特征是有标准化模式：教学集中班级化、教材统一、教师的主体地位不可动摇、课堂有时间限制等，这些教学规定兴盛于工业化时代，并且为当时社会培养出了需要的人才。相比较这些特征，大数据教育模式更倾向于弹性学制、随时随地在线和多媒体教育、个性化辅导、多师同堂、家庭学习等。大数据与传统的数据相比，就有非结构化、分布式、数据量巨大、数据分析由专家层变化为用户层、大量采用可视化展现方法等特点，而现代网络环境下的大学教育会更加个性化、开放化、数据化、人性化、平台化，两者正好相互融合适应，教育除了是社会学科外，也将变成有数据论证的实证科学。互联网技术在教育中的应用越来越广泛，作用也在不断增加，与以往相比，一定程度上减少了教师的工作量，但是教师的比例并没有相应减少。这主要是由于大数据虽然在很大程度上促进了教育的发展，但新事物的产生总要经过反复的实践，必有其不足的一面，如出现了大量信息垃圾，学生如果分辨不清，随意应用反而会造成负面影响，因此，需要更多的教师进行指导。不过教师和学校的定义和内涵需要重新定位。目前，仅就知识传播而言，教育资源正在经历的是平台开放、内容开放、校园开放的时代，这是前所未有的。

二、大数据时代的英语教学中要进行的相关优化

（一）英语教师要引导学生形成互动、互助的学习状态

高校大学生来自我国的各个不同地区，生活习惯和学习观念会有很大区别，而且大部分学生在整个中学阶段，受各种学业压力的影响以及教师的教诲，形成了独立学习，对他人漠不关心的学习状态。这种学习状态适应于我国中学应试教育，节约了学习时间，但也造成在我们很多大学里，新学生很难融入集体互助合作的活动中，学生们在学习上很少进行互动和互助，造成大数据在英语教学中所发挥的作用大打折扣。所以，作为学生英语学习引导者的教师，要想更好地受益于大数据应用所带来的种种教育资源，就要掌握现有资源调动学生积极性，营造学生互动的氛围。教师要让学生理解大数据时代进行合作互助的必要性乃至其深远的历史意义，进行相关教育活动，使学生树立起合作互动的理念，并应当以比较切实可行的学习活动，让学生在具体的学习中深刻地感受到学习的意义。

（二）英语教材的应用也要根据大数据进行相关调整

我国大学英语教材是主要根据教学大纲和实际需要，为师生教学应用而编选的材料。教材是教学的主要依据，是教学大纲的具体化，教学保障主要包括网络信息基础设施保障、教学物资条件保障、图书资料保障等，在很大程度上影响着教学质量。以下是大数据环境下影响教学质量的主要因素：学习氛围、选用的教材、教学设施、教学服务保障。因此，大数据条件下除了要为学生营造互助的学习氛围外，还要依实际需要进行教材方面的调整，适应学生学习要求，以提高教学质量。

三、大数据对高校英语教学的深远影响

随着知识经济时代的到来，大数据在高校英语教学中的应用越来越广泛。两者的深度融合从根本上改变了我国传统的以课堂为主的灌输式教育模式，转变为更加开放、互动的教学模式。与此同时，世界经济一体化，科学技术的飞速发展，促进全球信息的高速传播，

并且逐步实现无缝整合与共享，其中，教育资源信息也位列其中。尤其是近年来所开放的优秀教育资源正逐步向全球各角落的学习者所同步共享。

（一）大数据对高校英语教学方式的影响

大数据时代下的英语教育，是着眼于其长远发展，它使英语学习者能够学以致用，英语教育的实用性极大增加，并且根据各种数据能够更加科学地进行英语教学活动与管理决策，为英语教育开启新思路创造条件。一是大数据下的英语学习者可以不受时间、地点限制，利用大数据共享可以获取各自所需的英语资源以及进行网络服务的多终端访问，能实现数据同步与英语知识的无缝迁移；二是能实现信息的全面交互，英语学习需要学生通过良好的人际交互以更好地理解与掌握语言能力，而利用大数据技术能实现师生之间、学生之间随时随地的互相交流；三是可以通过大数据统计出学生学习情况、家庭环境，了解学生课内外的学习轨迹，并形成具有研究价值的数据报告，以供教师进行教学改进；四是能提高教学管理效率。

（二）大数据对英语教学评价的影响

大数据技术可以对教师教学授课过程、学生学习行为以及各种教学管理数据进行全面采集，集中存储、深入挖掘与分析，在兼顾学生英语学习能力评估的同时，也为教师的教学质量评估提供了全面、准确的分析结果。

四、大数据在英语教学中的运用

（一）大数据在英语远程教育中的应用

在全球经济一体化时代，各国经济贸易往来会更加频繁，英语作为最通用的国际语言，它的重要性不言而喻。尤其对于我国高素质人才来说，英语必将成为他们日常生活、工作中不可或缺的交流语言。信息化、网络化的教学方式，可以更加便捷、高效地为学生提供英语学习机会，例如，大量网络在线课堂、网络英语学习资源应运而生，最终实现了人与人、人与机之间的英语远程英语教育模式。

（二）大数据在英语课堂教育中的应用

学生是英语学习的主力军，主要学习场所还是在大学课堂上，大数据在课堂教学中的有效应用，可以迅速地获取学生学习的相关状态以及教师教学状态，并且通过大数据分析技术、采集技术的应用，分析其数据的成因，进而提出相应的教学对策，进行教学方法、学习行为以及教学模式的改进，以提高学生学习效果和实现教学目的。

(三)大数据在英语考试中的作用

大数据技术可以综合考察学生的英语水平,有助于教师安排更加科学、合理的考试内容。各个高校普遍建立相应的大数据平台,英语教育也从中受益,例如,可以获取试卷的答题结果,班级成绩情况等数据,并且通过数据平台的采集技术、分析技术,详细了解学生的英语知识储备量与英语学习的疑难点,为今后试卷题目设置提供了有利的参考,试题更加贴近学生的实际学习能力。

总之,大数据时代的到来,为高校英语教学带来了新的教育机遇,虽然存在着一些问题和缺陷,但数据技术和英语教育深度融合,如能合理应用并优化创新,发挥大数据平台的价值,必定会带动英语教学水平更上一层楼。

第五节 大数据时代高校英语数字化教学的转型

1970年,托夫勒在《未来的冲击》中明确地提出了面向未来的教育:倾向小班化,多师同堂,在家上学,在线、多媒体教育,回到社区。着重培养学生适应临时组织的能力,培养能作出重大判断的人、在新环境迂回前行的人、敏捷地在变化的现实中发现新关系的人。凯利(Kelly)也预测,随着大数据时代来临,学校会更加多元化,未来的人工智能将诞生于由10亿台中央处理器组成的"全球脑系统",这个系统包含互联网及附属设备——从扫描仪到卫星以及数十亿台个人电脑。

的确,网络媒体的发展已经引起高等教育的革命性变化,一是"大规模开放在线课程(Massive Open Online Courses)",简称"慕课(MOOC)",正在冲击着全球教育;二是大数据(Big Data)理念在教育中的作用逐步得到了重视,初步形成学校教育、网络在线教育和实践应用延伸的三位一体的教学模式,教师也由原来的"教学主持者"逐渐变成了"教学参与者"。据统计,在2012年"MOOC"平台纷呈竞现,哈佛大学和MIT创立的edX有49所大学加盟,主要包括清华大学和北京大学,设175门在线课程,100多万学生选修;斯坦福大学创立的Coursera有82所大学加盟,386门在线课程,350万学生选修;斯坦福大学创立的Udacity有25门在线课程,40万用户;英国开发大学Future Learn加盟成员包括26所大学、大英博物馆、英国文化协会以及大英图书馆;澳洲公开大学联盟开发有48门免费课程,64门学分课程在线,课程分研究生、本科生、职业教育;德国学者在企业的资助下创建的Iversity平台有24门课程,10万用户;2013年10月清华大学的中文"慕课"平台"学堂在线"目前有5门课程,10万人次选课。越来越多的在线课程表明大数据时代已经来临。

一、大数据背景下大学英语教学面临转型

大数据时代改变了人们的生活习惯，正在引领人们由读书时代迈向读屏时代。"大数据的'威力'强烈地冲击着教育系统，正在成为推动教育系统创新与变革的颠覆性力量。"大规模开放在线课程的出现是当代教育发展的一大趋势。因为当我们进入未来第三次浪潮的经济和社会时，我们不再强调同一性，而是强调个性。正是在这样的背景下，2014年我国高校明确区分了研究型大学和应用型大学两大类别。而从建构主义理论来看，由于个人的经验、信念不同，对外部世界的理解也有差异，语言学习者更加关注如何以原有的经验、心理结构和信念为基础来构建知识。建构主义的教学模式应包含四个关键因素：教师、学生、任务和环境，其中任何一个因素都不可能孤立于其他因素而存在，它们之间的交互是一个动态的、发展的过程。学生作为个人理解这些任务的意义和个人相关性；任务则成为教师和学生的连接界面。教师与学生之间要有互动。教师的行为充分反映他们的价值观念，学生对教师的反应方式与他们的个人特征有关。这样教师、学生、任务三者处于一种动态的平衡之中。整个教学过程教师更多的是充当"脚手架"的功能，学生则凭借由教师、同学以及他人提供的辅助物完成原本自己无法独立完成的任务。随着学生学习能力的逐步提升，学习的责任将逐渐转移到学生身上，最后让学生完全积极主动地展开学习，并通过学习建构出真正属于自己所理解、领悟、探索到的知识。脚手架能帮助学生穿越最近发展区，能有效促进学生认知和社会性的发展。

基于此，大学英语课堂教学面临转型，即把学习的主动权交还给语言学习者，学习者可以高度自由地控制学习的方向、内容、进度，在各种生活场景和语言环境中漫游，却又没有真实世界的压力，体现在参与中获得愉悦，在愉悦中引起共鸣，在共鸣中获取语言能力，实现语言实际运用的目标。在现代教育技术发达的今天，大数据为我们提供了便利，大学英语数字化教学课可以充分地利用"慕课"（MOOC）"多模太"（MODULE）和"翻转课堂"（FLIPPED CLASSROOM）教学形式，设计网络化在线学习模块，强调个性化自主学习，这对于大学英语教学来说，好处在于：教学资源丰富，信息量倍增；有利于学生个性化自学潜能的发挥；师生互动量增加，教与学不受时空限制；对学生学习成绩评价多元化；容易激发学生学习积极性。

二、大数据时代大学英语的数字化教学模式

大学英语课堂教学应视为应用型人才培养的重要环节，作为高校开设的一门公共必修课，在形势不断发展的情况下探索其新的教学模式，充分利用大数据时代带来的便利，实

现课堂教学和课外在线学习相结合的教学方法意义重大：其一，它能全面满足现代大学生的心理诉求，实现全方位、开放式课堂教学机制；其二，它能使大学英语教学跳出传统的一块黑板、一位老师、一间教室的教学模式，充分发挥视听说优势和融入真实语言环境，并为学生今后的发展做准备；其三，它可以作为高校提升外语教学综合水平的一个参照。就大环境来说，中国要真正走向世界，外语人才的培养至关重要，没有高水平专门知识又专门精通外语知识的人才是无法实现"走出去"和"引进来"的战略目标的。从小环境看，高校担负着培养人才、服务地方、振兴国内经济的重担，未来人才的素质将直接关系到国家的创新体制建设。因此，从高等教育国际化的战略高度来看，基于"MOOC"平台的大学联盟为我国的高等教育提供了同国际一流大学真正对话的机会。但是，这些在线课程的教学语言几乎都是英语，因此，没有英语基础的支撑，即使有了全球优质教学资源，我国的大学生也可能会面临语言上的障碍。而未来我国的高等教育都将侧重于学生对所学知识的实际应用方面，他们需要了解大量与专业相关的知识，这就决定了他们对外文信息要有准确的把握。大学英语数字化教学模式开辟了非英语专业学生第二条获取专业知识的通道——在线自主学习，同时也充分体现出英语学科的人文性和工具性特点。

大数据背景下大学英语数字化教学模块设置。传统大学英语课只是为学语言而教语言，不仅费时低效，而且还忽略了英语的人文性和工具性特点。大数据时代教学资源可以得到充分整合，通过数字化教学让英语课堂变成语言能力+专业素养课，使学生感受和体验英语，而不再是被动地学习英语。目前高校可以结合自身优势，采取多层次、多模块的网络教学平台为学生创设真实的语言环境，还可以通过加入大学联盟获取更多在线课程，以满足不同层次学生学习英语的诉求。在模块设置上可体现行业特征，并融入人文素质和思辨能力的教育，如基础英语视、听、说模块，通用学术英语读写模块，职场和行业英语模块，文学欣赏模块，文化和科学伦理模块等等。

大数据背景下大学英语数字化立体教材开发。就目前的大学英语教材来看，以书本+光盘形式出现的居多，这难以满足数字化教学平台的要求。因此，创建立体化教材，以文字、录音、多媒体课件、电子教案、电子档案袋（e-portfolio）、网络课件、学生自主学习系统、资源库和测试库、专业网站等形式来支撑大学英语课堂教学已是必然趋势。它有利于"创建真实的语境或场景，为学生提供'有意义交际'和实践的机会"，从不同的视角为学生营造一个比较和分析的空间，充分发挥教师与学生、学生与学生、学生与课件等人际和非人际的互动作用。

大数据背景下大学英语的教、学、考、管集成。大学英语数字化教学因其理念的革新，教学资源的网络化、数字化、信息化，教学方式更具人性化、个性化的特点，无论是构建语言教学的生态环境，还是营造语言教学的人文环境，都对教学管理、教学评价的科学性提出更高的要求。考试不再以传统方式进行，而是采用网络无纸化考试，评价采取多元评价，形成性和终结性相结合，采用综合和集成的方法，统筹考虑教师、学生和教学管理者三个不同层面的相关因素，将三方的观念更新、课程体系优化、教学方法和学习方法创新、服务和管理效能提高等相关要素纳入教改的总体规划。

三、大学英语数字化教学的预期目标

交互性。长期以来，我国大学英语教学在教学观念、教学模式、课程体系、教学方法和教学测评方面存在不尽人意之处，导致非英语专业学生的英语综合应用能力不强，教学模式相对单一，教学方法和教学手段相对陈旧，学生学习动力缺乏，自主学习意识和能力不强，在文化传承和人文精神培养方面比较乏力，教师积极性不高，学生对英语学习缺乏兴趣等。而通过数字教学平台，师生间的互动加强，学生可以不断地向老师提问，教师为了解答学生提问不得不更新知识和提高水平，达到师生间的交互成长。

体验性。依据大学英语教学改革以及我国社会经济迅猛发展对大学英语教学要培养具有很强国际竞争能力人才的要求，大学英语数字化教学定位于加强实用性英语教学，以培养学生的英语综合应用能力为目标，特别突出和加强了听说与交流能力的训练与培养，通过教师下达任务，学生担当角色，立足校本经验，开辟网上专家空中课堂，在纯英文环境中让学生充分体验语言的魅力和完成任务后的快感，以达到轻松学英语的效果。

建构性。数字化教学模式强调学生积极参与并自主管理自己的学习过程，是一种新型教学模式。这将不仅是一个教育目标，又是一种教学理念，同时还是一种学习策略。因为学习者自主是现代教育心理学尤其是人本主义、认知主义、社会建构主义学习理论的要求。而语言学习过程必须重视人的感情因素，要在教师指导下帮助学生参与甚至决定整个教学过程：知识的获得主要是通过学生自己发现，教师只是组织者、指导者、帮助者和促进者，学习环境（自主学习中心）与社会互动（合作学习）是两个重要环节。可以说，通过在线学习平台，学生将既获得知识，又参与实践，两者相辅相成。

大数据时代颠覆了传统的教学方式，为高校大学英语教学提供了自主学习平台，特别是党的十八大以来我国明确提出要加快发展现代职业教育，推动高等教育内涵式发展，相当一部分新升本高校面临转型，在转型过程中必然涉及课程设置、教学手段等大改革，强调应用型、实用性的专业课程开设以及学生实践能力的提高。而在转型过程中大学英语课堂教学应充分考虑"专业+通识教育"模式，充分利用大数据时代带来的便利整合课内外教学资源，借助网络在线教育，结合课堂教学，让学生在学习英语的同时也学习专业知识，这将极大提高学生的学习积极性和主动性，真正体现英语工具性作用。

第六节　大数据背景下英语教学的微传播

在大数据背景下，数据流和信息形态都发生了重大变化，信息共享、交换以及数据处理变得更加便捷，这为学生提供了良好的自主学习条件，对教师的教学方式方法也产生了重要影响。为了适应新形势，高校应加强英语自主学习平台建设；教师要更新教学理念，从知识的传授者转变为学生学习的指导者和帮助者，同时不断地提高信息处理能力，充分利用互联网交互平台开展教学。

自 2012 年以来，越来越多的政府和行业开始意识到数据和信息的重要性，"大数据"成了十分流行的关键词，人们用它来描述和定义信息爆炸时代产生的海量数据。2014 年，在全国高校外语教师发展论坛上，杨永林教授做了《"慕课"时代大数据在外语教育与研究中的应用——以 TRP 平台为例》的报告，分析了大数据理念在英语教学中的作用。目前，传统的英语教学方式已很难激发学生的兴趣，也很难保证课程教学效果。在大数据背景下，数据流和信息形态都发生了重大变化，信息共享、交换以及数据处理变得更加便捷，这为学生提供了良好的自主学习条件，使得课堂和教师不再是学生获取知识的唯一途径，这对教师的教学方式方法也产生了重要影响。大数据的发展不但促进了学生学习方法的改变，同时也促使教师主动改变课堂教学方式，使教学方式更加多样化。

一、大数据背景下英语教学的变化

目前，信息化成为社会各个领域发展的特征之一，英语学习也不例外，大量英语学习工具、平台和管理系统应运而生。这些英语学习工具、平台和系统能够根据大数据分析的结果预判学生的需求，找到学生学习过程中存在的问题，从而有针对性地帮助学生实现英语学习的预期目标。例如，品种多样的语料库系统、在线搜索引擎等能为英语写作提供词汇用法等方面的帮助，有利于学生解决写作过程中的语法问题，不断地提升写作能力和语言运用能力。

随着网络技术和现代教育技术的不断发展，学生学习数据的收集也越来越简单，不但数据量越来越大，数据的内容也呈现多样化特征，如通过数据挖掘能够了解学生的学习动机和学习行为，通过学习评价系统可以获得学生在线学习效果方面的数据，等等。在当前英语教学中，英语学习的具体化语境例证需求逐渐变大，而教师可以通过网络共享资源下载多媒体教学所需要的课件、例证等，从而有效地提高教学效率。合理利用网络数据资源开展多媒体教学和在线教学，能够有效促使学生激发自主化、个性化学习的积极性，有效提高学习效率。

在大数据背景下,教师可把学生在学习过程中产生的数据(包括聊天、社交、游戏中的交互信息)收集起来,了解学生接受与掌握英语的程度、学习行为及学习习惯等,及时发现学生学习的误区,进而帮助学生找到适合自己的学习方式,同时有针对性地改进课堂教学。如在阅读教学过程中,教师可以通过所收集的相关数据分析,了解学生英语阅读学习的习惯与方式,从而及时地改进英语阅读教学计划,开展个性化英语教学,提高教学效果。

二、大数据背景下英语教学的微传播化

在大数据背景下,现代智能软件能够对学习者的学习行为提供实时帮助,网络技术能够为学习者创建一个主动学习的情境,诱导学习者学习的持续性,帮助学生形成科学的学习习惯和学习方法,也方便学习者对学习效果进行科学合理的评估和评价。与此同时,在大数据时代,英语教学具有了微传播特征,具体反映在以下几方面:

实时互动性。通过登录微博、微信等平台,教师可以随时布置课程练习和课后作业,学生可以随时接受教师布置的任务。在英语课程教学中,传统教学方式难以满足点对点教学的要求,例如,提高学生语言交流能力和应用能力的难度较大,教师难以判断学生群体的英语能力水平,课后作业难以批改等等。在大数据背景下,教师可以借助"作文批改网"等网络平台解决这些难题。另外,利用大数据云存储技术,还可以根据需要建立学生写作学习的轨迹档案,以便捕捉学生写作过程的每一个细节,形成发展性写作评价。

迷你化。根据2014年中国互联网信息中心发布的《第34次中国互联网络发展状况统计报告》,2014年底,我国互联网普及率达到46.9%,手机网民规模5.27亿,手机使用率达到83.4%,手机作为第一大上网终端的地位突显。由此可见,微传播的主要载体具有小巧便捷、易于携带、自主性强的优势。当前,各高校的无线网一般都能覆盖校园图书馆、食堂、宿舍等场所,学生通过手机等网络中端,可以在任意的时间和地点登录微博、微信等平台,获取英语学习信息,在很大程度上突破英语学习的时间和空间限制。智能手机等迷你型移动终端的普及,为学生随时随地搜索资料、查单词、提交作业提供了便捷的途径,使学生的英语学习更加细节化和自主化。

精简化。在无线网络高度覆盖、信息快速传播的时代,信息量的增大和信息传播速度的提高,使得人们在阅读过程中更加乐意用快捷的方式获取信息,在一定程度上改变了阅读方式和阅读习惯。与此同时,为了加快信息传播速度,要求网络信息更加精简化,由此催生了微博、微信平台上的"微言微语",反映在英语方面,精炼的短句和小段落更加具有吸引力。在微传播背景下,学生更乐意接受内容新颖、简短而有重点的信息,以便充分地利用零散的时间。因此,微博和微信平台上的英语学习信息通常是几句话、几张图片或一小段视频(如微电影)。简洁明了,具有即时性、视觉性和互动性等特征的微信息,更

容易获得人们的注意和兴趣。

三、大数据背景下英语教学的创新策略

在大数据背景下，微课、慕课、翻转课堂等教学方式在全球风靡。新形势下，教师在英语教学中要不断地创新教学手段和教学方法，充分利用互联网交互平台开展教学，促使学生快速提高学习成绩。具体讲，应从以下几方面创新和改进教学：

（一）建设自主学习平台，促进学生自主学习

大数据背景下，英语教学不再局限于课堂上教师的讲解，提高学生综合运用英语的能力和自主学习能力成为英语课程教学的主要目标。为了适应新形势，高校应加强英语自主学习平台建设。英语自主学习平台应包括课程学习系统、听力测试系统、口语训练系统、师生交互系统等，这些系统不但要有相应的学习资源供学生根据自己的兴趣和需求自由地选择，还应具有测试功能和测试成绩记录功能。这样，借助自主学习平台，学生可以将学习计划上传至网上征求老师的意见，以充分提高学习效率；可以实现知识学习和资料查询，及时检测自己的学习效果，并通过检测结果明确自己的努力方向；可以自由支配听说和读写的练习时间，充分利用系统提供的丰富的课外资源开展个性化学习。借助自主学习平台，教师可以向学生推荐学习网站和常用学习软件，了解和掌握学生的学习情况，分析学生的学习行为，及时指出学生学习方法、学习态度等方面的不足。

（二）更新教学理念，注重激发学生的学习兴趣

在传统的英语教学过程中，由于教学班人数多，更正语音、批改作文等往往耗费教师大量的精力，且难以取得良好的效果。在当前的大数据时代，这些问题迎刃而解。例如，以往学生记单词是依靠单纯地背单词书，而大数据背景下借助手机 APP 可以有效提高记忆单词的效率，且很多在线工具将背单词与闯关类小游戏紧密联系在一起，真正做到了寓教于乐，吸引了众多学生的眼球。再如，很多网站都建立了英语语音和英语在线翻译系统，甚至在线英语作文批改也成为现实，这为教师的教学和学生的学习提供了极大的便利。公共英语学习网站和学校的英语自主学习平台，大多能为学生的英语作文提供修改意见，使得学生可以通过不断地修改获得满意的成绩。这种作文批改和反馈形式的改变，可以让学生和教师从书本中解脱出来，也使教师和学生充分领略了大数据的魅力。可见，在当前的英语教学中，教师必须及时改变教学方式，积极应用新的软件和工具平台开展教学，否则难以激发学生的学习兴趣，更难以充分提高教学效果。借助软件和工具平台开展英语教学，要求教师从知识的传授者转变为学生学习的指导者和帮助者，积极与学生开展网络交流，及时解决学生遇到的疑难问题。

（三）更新知识，提高信息处理能力

信息技术快速的更新换代，为英语教学提供了大量的平台和工具，而网络上的平台和工具各具特色，功能也不尽相同，有的甚至已经被技术的发展所淘汰。可见，教师应在不断更新知识的基础上，全面了解各网络平台和工具的优势与不足之处，从而为学生提供科学合理的参考意见，否则可能会误导学生。英语教师在了解信息技术特点的基础上，懂得教学规律，才能提高教学效率。例如，在我国传统的教学评价体系中，过程评价和多元化评价是最薄弱的一个环节，而网络英语自主学习平台的测试功能和测试成绩记录功能，不但能够激发学生在线学习的积极性，还能够为英语课程的过程评价提供数据支持，当然，这要求教师十分熟悉英语自主学习平台的功能和操作方法。

第五章 大数据时代高校英语教学转型新模式

第一节 大数据时代高校英语听力教学

大数据时代对传统的大学英语课堂带来新的冲击,对英语人才培养规格提出新要求,同时也为大学英语听力新模式的构建提供了新的发展机遇。因此,大学英语听力教学改革必须抓住这一机遇,紧随时代发展提出的新要求,探讨大数据时代大学英语听力模式构建的新思路,顺应时代发展的需要,重构大学英语听力课堂教学模式,培养出符合大数据时代要求的复合型应用型英语人才。

21世纪互联网技术的发展和普及以及新媒体的出现使人类社会从信息时代跨入一个全新的大数据时代。在大数据时代,信息技术与教育的深度融合将给外语教学带来系统性变革,对教师角色,学生角色,学习材料,学习环境以及教学评估和测试等方面产生深远影响。可见,大数据时代加速社会的变化和发展,也不可避免地影响着中国的外语教学,传统的外语教学,强调学生具备使用外语和他人进行沟通的技能。但是,在大数据时代背景下,需要新型人才运用数据进行分析,去预知某个领域的发展趋势,或是某个群体的行为倾向。本节以大数据时代为背景,从重新筛选听力语料,到更新传统教学模式,到建立新型师生关系以及健全新型考评体系,从而提出重构大学英语听力教学模式的设想。

一、重新筛选听力语料

片面地强调学生对词汇的敏感度,对语速的适应性以及对某一小段语料的理解,已经被视为效率低下的教学方法。当然,这些仍然是听力教学的基础。现在倡导的,是在这个基础框架内填充新的内容,并且努力延伸出新的意义。所谓填充新的内容,就是重新筛选语料。比如,在初级阶段,在进行任务型教学的过程中,要求学生能够听懂一些特定场景下的会话信息。然后模仿听到的内容,使用外语问路、购物,或者点餐。但是,结合社会发展的实际情况,人们即便是身处异国他乡,也可以凭借一部智能手机,打开各种应用程序,完成上述各项任务。由此可见,我们分配给学生的任务可能是过期的。所以,从真实的社会生活出发，筛选语料，革新信息的输入内容，是新时期外语教学最迫在眉睫的工作。首先，优质的语料资源，可以帮助学生了解目的语国家中人们真实的生活状态；其次，所谓延伸出新的意义，要求师生双方跳出语言学习的限制，从多个角度寻找解决问题的途径。仍然沿用刚才的例子，我们要求学生去问路、购物、点餐。除了使用外语，还可以动用各种工具，尤其鼓励学生去了解在目的语国家中，人们如何进行这些活动。教师可以适当提供一些线索，帮助学生打开视听，利用网络上各类共享资源进行探究性学习。

二、更新传统教学模式

第一，从5w2h到整体化思维方式。传统的训练方式强调学生听懂语料中的关键信息，通常集中在5w2h中，也就是人物、时间、地点、经过、原因、结果，还要特别关注数字及人名、地名。在教师的引导下，学生会把注意力完全投入到这些焦点中，无暇站在更高的角度进行思考。例如，给学习日语的学生播放一段语料，是两个日本人在巴西餐厅内点菜。其中，一个日本人对巴西菜如数家珍，另一个则全然不懂。很显然，前者有长期生活在巴西的体验真实，了解日本历史的人都知道，从19世纪末开始，逐渐有日本移民前往南美洲的巴西、阿根廷、秘鲁等国家拓荒，并且定居在那里。他们的后代中，有许多人会说日语，但比起日本却更加了解自己居住的国家。头脑里储备了这些背景知识后，在处理语料时就能解读一些深层的信息。然而，如果学生过分地执拗于细节处的单词，可能就没有机会去探索和发现。那么，该如何改变这一现状呢？首先是教师要转换思维方式。在备课的过程中，改变着眼点：不只是思考我能教给学生什么，还要了解学生想从我这里学到什么？深入挖掘语料的内涵。讲清楚人物、时间、地点后，再探究一下这段语料中情景设置的合理性。因为有些教材中出现的对话，并不会在目的语人群中真实上演。倘若是合理的，就可以深究这个会话中出现的人物是什么职业，从事这种职业的人有什么语言习惯等。一旦教师形成了这样的思维习惯，就可以通过潜移默化的方式传递给学生。如果外语教师整体都具备了这一素质，那么课堂将会更加包容，师生互动也就更加多元化。从你问我答，到多问多答，学生敢于表达心中的疑问，也会自发地寻找不同的解答方式。由此可见，教师除了掌握新技能，还要重组自己的教学思维。第二，开放性情感。相信许多外语学习者都深有体会，在了解某个国家的某个人之前，我们往往对他有一些概念性的认知，有时甚至是误解。比如，通常会认为：英国人绅士，法国人浪漫，德国人严谨，美国人爱追求刺激。的确，这些概念一定程度地反映出该国的国民性，但并不能代表所有国民的特征，其间忽略了国家内部在地域、阶层方面存有的差异，更忽略了个体的家庭、教育以及职业背景。所以在与外国人进行交流时，贴标签式的认知方式，很有可能带来不愉快。

三、新型师生关系

基于网络写作学习平台的大学英语写作课堂使师生间、生生间互动得以加强，有利于学生发展自主学习能力，使学生成为课堂的中心，成为知识的建构者。Hyland曾指出，"写作能力的培养不是通过新教学手段而是通过合适的教学方法实现的，同时还要给学生布置合适的写作任务和给予必要的习作支持"。可见，作为课堂教学组织者，教师的作用举足轻重，教师还承担着学生自主学习的引导者和监督者的角色。来自教师和同伴的反馈不仅是自动评分系统的必要补充，它还使知识传递和答疑解惑的效率得以提高，而且，这种真实情境下"读者与作者的意义协商"使学生通过体验的方式获得知识。学生之间通过互评和讨论等互助方式合作完成任务。这种自主学习与合作学习相结合的方式使学生在相互交流和合作中建构和完善自己的知识体系，而且对改变学生的英语学习观念也起着积极的促进作用。

四、健全新型考评体系

大数据时代使人们获取知识和传播知识的方式发生变革，传统的纸质媒介逐渐被电子媒介取代，信息的获取、分享和传播都以数字形式完成，显然，采用传统直接考试形式，即一个题目、一篇作文的纸笔考试，无法对新型读写能力作出客观评价。目前，国际化的大规模语言测试纷纷采用基于网络的考试形式，也开始使用综合型写作任务进性测试，这些都值得我们借鉴，大学英语写作考试应该采用阅读与写作相结合的综合型任务。"评价手段的多元化可以提高评价的科学性和有效性。目前，教师评价仍然是评价体系中最重要的组成部分。在线自动评分系统还存在仅能对语言浅层特征作出评价的弊端，智能化程度还有待进一步提高，只能作为教师评价（teacher assessment）的重要补充。同伴互评（peer assessment）是写作评价中的必要组成部分，它有利于激发学生的主动性、积极性，培养批判性思维能力。大数据背景下的教师评价和同伴互评是依托网络平台进行的，这就打破时空的界限，教师和学生可以利用碎片化时间进行及时反馈和评价。

顺应时代发展的潮流，外语听力教学新模式的构建势在必行。重视大数据带来的积极作用和消极影响，才能使教改更高效、更深入。教学理念和模式的创新，不意味着教师工作被网络代替，也不意味着教师地位被学生取代，教师仍然是教学活动的主导，应该不断地提升自身业务，充分利用大数据和先进科技，在全新的教育时代中紧随时代发展提出的新要求，探讨大数据时代大学英语听力模式构建的新思路，顺应时代发展的需要，重构大学英语听力课堂教学模式，培养出符合大数据时代要求的复合型应用型英语人才。

第二节　大数据时代高校商务英语写作教学

随着经济全球化进程的不断推进，社会对于商务英语人才的要求越来越高。但传统的商务英语教学远远不能满足社会的需求，尤其是写作教学。在商务英语教学中，听、说、读、写、译是学生要掌握的基本技能。就目前来说，如何培养综合应用型商务英语写作人才是应用型本科高校面临的一大问题。本节在论述应用型本科高校商务英语写作教学现状的基础上，提出了大数据背景下的相关改革策略。

商务英语培养的是以英语为载体从事商务活动的人才，隶属于ESP。目前，大多数应用型本科高校都设置有商务英语专业，且相较于综合性大学和职业学校来说，应用型本科高校更为注重集商务知识、语言技能、跨文化交流能力等于一身的复合型商务英语人才的培养，更为注重引导学生综合处理行业领域出现的具体问题，因此，应用型本科高校商务英语专业培养的是理论与实践并重的应用型复合型专门人才。在商务英语教学中，听、说、读、写、译是学生要掌握的基本技能。经相关调查研究发现，商务英语写作和翻译在具体的工作中应用得最为频繁，并且学生进入外企工作后，商务信函、说明书、商品介绍等是其接触较多的，因此，商务英语写作课程是商务英语专业所必修的一门课程。但在互联网技术和大数据技术飞速发展的今天，传统的商务英语写作教学暴露出诸多问题，难以培养社会需要的高素质应用型人才。

一、高校商务英语写作教学现状

商务英语写作是一门强专业性和强实践性的课程，是写作者商务业务知识运用能力和语言应用能力相互结合的过程。因此，商务英语写作教学应该培养的是理论和实践相并重的人才，但当前的商务英语写作教学实效性还有待进一步提升。

学生英语基础水平参差不齐。进行商务英语写作学习的学生在英语基础方面有着一些差异，具体来说，有些学生凭借自身努力和教师的教学要求，灵活调整学习方法，能够运用简单明了的语言和丰富多变的句式清晰地表达自己的意图，能够很好地将教师教授的知识融会贯通，能够使文章的整体可读性强；有些学生能够依照要求写出符合语法规范的语句，但是文章的整体表现力、逻辑性和说服力不强；有些学生的英语基础较差，对于单词和语法的掌握不足，难以组织一篇完整的商务英语文章。由此看来，学生个体间存在一定的差异，需要教师从学生实际出发，实现因材施教。

教师对于写作教学的定位存在偏差。一些教师在实际教学过程中未能正确地认识商务英语写作的特点、写作过程的复杂性、写作内容的多样性等。他们认为学生掌握了单词、词组、写作格式、句型等，就基本完成了写作的学习，因此，一部分教师还是采用传统的课堂教授模式，注重理论知识的灌输，而较少尊重学生的主体地位，较少使学生进行自主写作，完全忽视了学生实践能力的培养和锻炼。而且在实际的教学过程中，教师只是简单地讲授单词、短语或者词组的意思，而较少介绍其实际应用方案，不利于学生实际应用能力的提升。

教学内容缺乏实践性，往往忽视写作情境。首先，商务英语写作课程的教材大多数是以文体分类展开的，与实际商务活动中的诸多应用存在脱节现象，且内容较为陈旧，难以跟上时代发展的步伐，难以对学生毕业后的工作产生积极的影响；其次，教师在教学时虽然涉及报价、询价等内容，但是也仅限于对理论知识的讲授，而较少进行情境创设，使学生在毕业后面对实际问题难以进行有效的解决。

教学模式单一，缺乏课堂互动交流。传统的商务英语写作教学模式单一且过于程式化，教师仍占据着课堂的主体地位，学生只是被动地接受和机械地模仿写作模板，整个课堂教学过程还是教师的独角戏，学生难以参与进来。但教学本来就是教与学的双向互动过程，不仅教师要交给学生知识和技能，而且教师还应及时地接收到学生的学习反馈以便更好地改进教学方法。如果师生缺乏有效的互动、沟通和交流，那么不仅学生的学习兴趣和积极性难以调动起来，而且课堂教学的实效性也难以提升。

二、大数据背景下高校商务英语写作教学改革策略

随着大数据时代的到来，人们在存储信息、提取信息、分析信息、共享信息等方面有着极大的飞跃，对人们生产生活的各个领域都产生了极大的影响，并促使人类社会不断向前发展。教育领域也不例外。大数据的出现为应用型本科高校的商务英语写作教学带来了全新的机遇，使其教学模态呈现出多样化的特点，教学模式也逐渐趋于人性化，师生关系也极具交互性，教学结果反馈的指向性越来越明确，并促使其朝着培养综合应用型人才的目标不断前进。

整合教学资源，更新教学内容。大数据的出现使得商务英语写作的教学内容突破课堂的限制，直接延伸至课外，甚至网络。首先，加大校内在线平台建设。教师可充分地利用网络为学生搜集尽可能多的教学资源，引导学生充分利用搜索引擎、英语学习网站、在线词典、语料库等搜集足够多的背景知识，并完成写作任务，使学生真正参与到教学中来，提升学生商务英语的应用能力；其次，教师可将行业发展的最新动态引入课堂教学中，引导学生结合行业实际进行有针对性的写作训练，增加教学内容的前沿性和应用性，使学生不至于与行业实际脱轨。

引入慕课教学模式。教师可通过慕课将商务写作知识与商务实践活动相结合。教师可

经过慕课平台搜集各种与商务英语写作相关的资料并将其设计成业务实践活动，以突出专业性和实用性。在学生进行实际写作之前，教师可采用翻转课堂模式，将有关写作的理论知识和语言知识等以视频的形式传给学生，便于学生在课前观看，使学生对要学习的内容有一个大致的了解，同时学生还可将不懂的问题进行汇总以便在课上统一提出，方便教师进行有针对性的教学。之后，利用慕课平台模拟真实的商务场景，使学生真正参与到写作教学中来。除此之外，学生还可以通过慕课平台进行不同阶段水平的测试，便于学生了解自身在某一阶段的学习情况，同时也便于教师依据学生的测试结果进行后期教学的调整。

采用分层教学法，开展协作学习。首先，针对学生基础水平的差异，教师可采用分层教学方法，针对不同层次的学生因材施教，避免出现传统教学模式下千篇一律的学习任务难以有效激发学生学习兴趣的尴尬局面。例如，可采用大数据技术，划分出学生英语基础等级，之后可设定不同难度水平的写作任务，并分配给相应层级的学生，为水平较高的学生锦上添花，为水平较低的学生雪中送炭，极大地激发学生学习的积极性和主动性；其次，开展主题教学或者案例教学，将学生分为若干小组进行小组合作学习，使学生在团结协作中完成既定任务，一方面锻炼了学生的实际应用能力，另一方面也培养了学生的团结协作意识和沟通交流能力。

一个人的写作能力与其语言应用能力和语言理解能力有着直接的关系。商务英语专业学生的写作能力主要包括文字组织能力、语境揣摩能力、语法规范能力、深入思考能力等，其对于学生理论水平和实践水平的要求也较高。随着大数据的不断推进，商务英语写作教学也应抓住机遇，迎接挑战，积极更新教学内容，引进先进的教学模式，将慕课与翻转课堂等结合起来进行分层教学，并注重培养学生的团结协作能力，使学生真正参与到教学中来，切实提升应用技能。

第三节　大数据时代下的英语翻译教学

发展日新月异的大数据时代，已经渗透到了教学中的方方面面。而翻译作为语言学习中的高级阶段，更是要与大时代形成契合。本节从翻译教学角度入手，在多方面提出了相应的应对策略，但也提出了翻译教学中教师和学生所面临的挑战。

随着信息技术的发展和云计算的广泛应用，"大数据"的概念和技术已经逐渐渗透到教育教学的相关领域。翻译是我国对外沟通交流的有效途径之一，社会对翻译专门人才的培养有着很高的要求，地方高校作为应用型人才培养的基础阵地，应积极顺应时代发展要求，高效利用大数据资源，逐步完善翻译人才培养体系，为地方乃至国家输送优质翻译人才。

在大数据时代，信息技术快速革新和发展，地方高校的英语翻译教学应从教材选用、课堂教学、考试评价等人才培养各环节与大数据相结合，培养具有时代性和创新性的应用型翻译人才。

一、大数据时代下翻译教学主要环节的应对策略

（一）教材选用

教材是最基本的教学资源，是人才培养的关键环节之一，教材质量的优劣直接影响着人才培养的质量。我国翻译教材的研发共经历了四个发展阶段，翻译教材从"摘编"到"统编"，从"多元化"到"体系化"，无不渗透着当时社会的思想倾向，被深深刻上时代的烙印。

如今，在大数据时代的洪流中，可以说翻译教材已经进入第五个阶段——"网络化"阶段。翻译教材的内容需要引经据典，还需要与时俱进，也在很大程度上决定着翻译人才培养的方向和目标。现当代翻译家们翻译的很多作品都一直被奉为经典，而在互联网中很容易找到的一年一度的政府工作报告等时事翻译文本也必须引入教学资源库。因此，翻译专业的教材选用应遵循"经典和时政相结合、有形和无形互促进"的基本原则，建立全方位、立体化、动态化的教材选用机制，充分利用大数据优势，以满足翻译教学的时代要求。

传统的课堂教学被认为是人才培养最重要的环节，大多以教师讲授为主，而我国经济社会的迅猛发展对高等人才实践能力的要求越来越高，传统课堂产物早已不能满足社会对人才知识规格、能力规格、素质规格的多元需求，传统教学方式正逐渐被微课、慕课、翻转课堂等新兴事务所取代，而这些新兴事物正是利用了不断发展的计算机技术以及大数据时代的网络资源优势。

（二）教学过程

考试与评价是课程教学的最终环节，但现在仍沿用旧习，使大数据时代下的翻译教学显得有些虎头蛇尾。考试与评价环节能否在大数据和网络技术带来的巨大益处中分一杯羹，也是值得深入研究的。

地方高校一般处于二、三线城市，教学资源严重匮乏、教学理论更新缓慢、学生基础比较薄弱、优秀师资相对短缺，因此，地方高校翻译专业教师更加有必要利用大数据的优势，引入优质教学资源，改进传统教学方式，不断地完善教学过程，从而提高翻译人才培养质量。翻译相关课程的教学可采用"教师主导、学生主体、三项结合"的方式。"教师主导、学生主体"充分体现了当代社会以人为本的理念。教师作为教学活动的主要参与者，在翻译教学过程中应发挥引导、监督的作用，努力摒弃"教师一言堂"，激发"学生好声音"；学生作为教学活动的主体，应积极发挥主观能动性，改变传统课堂中被动接受的状

态,切实接过学习新知的接力棒,创造在教师主导下学生自觉、自律、自学、自省的新局面。大数据背景下,"教师主导、学生主体"的教学方式从以下三项结合得以体现,即"线上与线下相结合、理论讲授与技能训练相结合、计算机批阅与教师审校相结合"。

1. 线上与线下相结合

教师于课前根据课程教学进度与内容的要求,通过 blackboard 课程教学平台、课程微信公众号、班级微信群、班级 QQ 群等线上方式给学生布置相关任务,其中包括名家译作展示、翻译理论介绍、翻译技巧与方法刍议、学生译作及翻译过程自评等,学生接到任务后充分利用网络资源优势,认真查找资料,去芜存菁,以小组合作的方式将展示内容制作成PPT,从而对新知识有初步认识与了解,并将完成任务过程中遇到的疑问与困惑记录下来。

第二步,学生将任务成果和疑问带进线下实体课堂,教师根据学生的课前 PPT 报告对其任务完成情况进行点评,然后进入正式的课堂教学,教师利用多媒体技术,采取讲授法、讨论法、合作法等多种教学方法进行新知识的传授,最后解决学生在完成任务以及课堂学习过程中遇到的问题。

2. 理论讲授与技能训练相结合

翻译学习主要包括翻译史、翻译理论和翻译实践三个方面。翻译史和翻译理论的教学可以放在由教师主导的课堂上进行讲授,而翻译实践需要师生大量的时间投入,课堂教学远远满足不了实践的时间要求。以大庆师院外国语学院为例,学院成立了职业技能训练中心并开展第二课堂活动,训练中心下设两个翻译训练部,每学年开展活动18周、每周开展两次。每轮技能训练之前由教师制定本学年的训练计划,选择翻译语篇。每周两次的活动一次由教师主导、学员练习,另一次完全交给训练部的学员开展与本周主题相关的翻译活动。学员需通过互联网搜索大量资料,然后筛选并制作课件,准备过程本就是学习过程,进一步提高学生的学习积极性,把控学生在课后的学习活动。

学院所有学生对翻译第二课堂认可度高、参与率高。目前,职业技能训练中心学分已纳入翻译专业人才培养方案,成为学生的必修学分,确保每名学生在毕业之前均能参加两期共36周的翻译训练,以达到一定的实践量。除职业技能训练中心以外,翻译工作坊、翻译实习实训室等都是地方高校利用大数据优势提高翻译人才培养质量的有效途径。

3. 计算机批阅与教师审校相结合

地方高校学生的英语语言基础薄弱,教师批改的作用不容小觑。学生需要大量练习与教师批改进度慢之间的突出矛盾可由大数据帮助解决。例如,专业作文批改网站"批改网",教师通过个人账号布置翻译任务,学生搜索任务号查看并完成任务,提交以后批改网通过精算而给出分数以及修改意见,其中,绝大多数的语法错误和措辞不当都能被一一指出,学生修改后可以再次提交并刷新分数。在计算机批阅的基础上,学生的大部分语法错误都已修改完成，教师在计算机上点开学生的作品即可进行审校，不再将注意力聚焦在学生的语法错误上，而可以更加关注学生的译文流畅度、翻译风格的吻合度等翻译专业层面，给学生的译文作出适当评注并提出相应建议。

（三）考试与评价

除此之外，地方高校在翻译教材的选用上还应注意与地方重点企业和行业的对接，可邀请企业和行业的专家共同开发课程、编写教材，或利用校企合作的项目成果，进一步充实教学资源。以笔者所在的大庆师范学院为例，翻译专业教师为大庆油田公司翻译了涵盖石油勘探、开发、钻井、作业、压裂、焊接、管工等近20项关键业务的《海外市场开发施工作业人员系列培训教材》，共计80余万字，并以此作为翻译实践教学的辅助教材以及学生实习实训的重要资料。因此，从地方高校应用型人才培养的角度，教材的选用上还应追加一项"高校和企业共开发"的原则。

地方高校翻译专业根据其生源特点，主要以培养应用型翻译人才为主。为适应大部分学生的职业输出需求，仅有卷面，或仅以卷面为主的考试形式将学生的成绩单方面限制在一次期末考试的分数之内，无法综合考查学生真正的实践能力，对其评价难免有失偏颇。因此，探索基于大数据和网络的考试与评价方式，将形成性评价和终结性评价有机结合，是地方高校可以采用的办法。例如，可以将期末考试成绩分成两部分，一部分为传统卷面考试，占课程期末成绩权重的50%～60%；另一部分为学生平时在电脑、手机等终端设备完成教师所布置任务的成绩总和，占课程期末成绩权重的40%～50%，取消成绩单中没有任何依据的"平时成绩"，而要求任课教师在试卷袋中提供相关证明和资料，列出形成性评价详单。

上述方式可以对教师教学和学生学习的全过程进行有效监控，激励教师制定科学合理的教学计划。加大形成性评价的权重，同时能管控学生的整个学习阶段，督促基础薄弱、学习能力较差的地方高校学生注重学习的全过程，可以有效避免期末考试前划重点、背重点的错误复习方式，使每一个科目的考试真正考查出学生的真实能力和知识接受程度。

二、大数据时代翻译教学面临的风险

大数据时代虽然为英语翻译教学带来了益处，但同时也存在着风险。

（一）网络资源不够全面

网络教学资源的丰富性毋庸置疑，但对于相对老旧的珍稀译本等资源，在网络上难以找到，仍然只能在学校图书馆甚至国家图书馆找到其复印本、缩印本和珍藏本，这将导致学生搜集资料不够全面，观点结论支撑不足。有些网络资料如期刊文章等，学生没有IP

权限下载或必须支付费用才能下载，在一定程度上影响其高质高效地完成教师布置的相关任务。

（二）网络信息不够准确

由于网络技术允许人机互动和人人互动，因此，网络中的资源大部分由他人编辑上传，难免存在错误信息，尤其是单词拼写的错误、语法的错误比比皆是，学生能力不够，无法一一准确甄别采用，从而导致任务完成效果差。网络信息不够准确的另一个方面还体现在网络翻译软件的广泛使用，学生往往过度地依赖于网络翻译，容易导致译文千篇一律、漏洞百出，影响学习效果。

（三）网络环境不够安全

因网络具有开放性强、传播速度快的特点，如果遭受黑客攻击，电脑等许多终端设备都易被波及而瘫痪，一旦网络瘫痪，一切基于大数据和网络技术的翻译教学都将暂时被动搁置，会扰乱教师的教学计划，若教师临时调整教学计划的准备不足，将在很大程度上影响课程教学，长期的临时调整甚至会影响翻译人才培养的质量。

大数据时代影响着英语翻译教学的方方面面，如何充分地利用大数据时代产生的益处与便捷，并从容地应对大数据时代带来的风险与挑战，是每一位奋斗在翻译教学一线的管理者和教师应该认真思考的问题，本节由于篇幅所限而并未提及的大数据时代下的翻译教师队伍建设、翻译课程体系构建等教学关键点也值得深入挖掘与研究。

第四节　大数据时代高校英语报刊阅读教学

大数据时代的来临，为高校英语报刊阅读课程教学提供了良好的发展机遇。本节从英语报刊阅读课程的教学现状入手，通过综述与分析的方法，对大数据时代英语报刊教学思维与模式进行了全新的建构，同时也指出了新时期该课程教学所面临的挑战。

进入21世纪，在信息高速化发展、云计算、智能手机等日益普及的趋势下，以数据的海量存储、信息的快速传播、全媒体的视听化效果为外在特征的大数据时代悄然到来。2012年，美国奥巴马政府启动了"大型数据研究和发展倡议"计划，首次把大数据定义为与互联网、超级技术同等重要的国家战略，同时在政治、商业经济以及教育等方面制定了一系列相关措施。2013年，大数据的理念逐步引入到我国外语教学与研究领域，如何利用大数据转变外语学习和教学模式逐渐成为未来课程教学改革的重点。作为英语专业的一门重要选修课程，英语报刊阅读因其教学内容的时新性和学习环境的地域局限性迫切需要发达通畅快速的网络信息支持。而事实上，大数据时代的到来也为报刊阅读课程提供了良好的发展机遇。大数据时代的信息"大爆炸"为报刊阅读教学提供了最新、最广的新闻资源以及海量鲜活、真实、生动的语言素材，幕课、小微课也为课堂教学带来了一种全新的体验。然而，如何迎接大数据时代带给报刊阅读课程的变化，实现信息资源与教学内容、模式以及教学评估的对接，这也给广大教师提出了新的挑战。

一、英语报刊阅读课程的教学现状及问题

自从20世纪80年代国内高校首开英语报刊选读课程以来，英语报刊因其丰富生动的教学资源，受到越来越多高校的重视和学生的喜爱。报刊阅读的意义以及报刊阅读课程的重要性已日益获得认可，其地位亦不断上升。然而，虽然报刊阅读课已经获得广大英语教育专家和教师的认可和推崇，但是不可否认的是，报刊阅读课在教学实践过程中依然存在许多问题，教学效果与理想的教学目标之间还有一定的差距。概括而言，问题主要反映在以下方面：

（一）课程教学内容与理念

英语报刊阅读是英语泛读课程的延伸和深入，这已被国内高校英语报刊教学界所认同。但是，英语报刊教学在课程意义、教材、教学要求、教学模式和教学评估等方面是不是等同于英语泛读教学，或者说报刊教学和英语泛读教学在以上方面有何不同，在这一点上，高校教学界还缺乏统一明确的认识。这些认识上的差异和模糊导致当前很多高校对报刊阅读课程教学目标和重心的理解产生偏移，把报刊阅读课看成是单纯的语言教学课。许多研究者的调查研究表明，相当一部分报刊课堂还是延续着精读课程的教学思路，专注于报刊素材语言知识点的讲解，忽视报刊教育在培养学习者获取信息能力、批判性思维能力、综合人文素养等方面具有其他教科书所无法比拟的价值。

（二）教学模式

随着各高校对报刊教学的不断重视，英语报刊阅读课堂教学模式呈现出多样化、立体化的发展态势，网络多媒体辅助教学手段也被逐步地引入教学实践中。当前比较通行的教学模式有以下几种：一传统教学模式，即教师课前对报刊文章内容和教学形式进行设计，课堂上采用讲解、释疑的方式进行授课。如果学生语言基础不太扎实，教师在报刊课堂教学中就格外注重语言专业知识的讲授和语言技能的重复训练。而学生大部分时间都是听众，被动地聆听、完成学习。这种模式导致的一个结果是，不少个性化的大学生逐渐丧失报刊阅读兴趣，尤其在时下大学生人手一部手机、校园网络全面覆盖的背景下，他们宁愿在课堂上利用微博、微信等应用程序浏览各种英语报刊电子网站。但是由于缺乏教师系统

专业的引导，他们的报刊阅读能力难以得到提升，阅读兴趣也难以维持长久；二是多媒体课堂教学模式。随着计算机、网络技术的普及，十几年来，不少高校的报刊阅读课堂从教室到课本设置，再到教师的教学文件都极尽可能地将多媒体融入进去，课堂上为每个教学环节设计的PPT更是成了报刊阅读课堂必备的教学要件。但是，多媒体的教学是否极大地提高了英语报刊阅读的教学成效呢？笔者调查了同省不少高校报刊阅读课堂教学的实际情况，也查阅了不少期刊论文中对于报刊多媒体课堂的分析，结合自身的教学经验，总结出以下几点当前部分高校报刊阅读多媒体课堂的不足之处：一是相当多的教师对多媒体课堂的理解还只是限于PPT的运用。认为在授课时向学生展示已经制作好的PPT就是运用先进的多媒体教学，可是其教学内容和方式仍然保留传统的模式；二是不少教师和学生的计算机操作水平能力有限，对于网络多媒体化的报刊课堂教学模式虽然认同，但在实施过程中由于技术问题以及教学成本问题，难以在具体的教学实践中展开。

此外，相较于目前研究相对较多的报刊教学课内教学模式，有关报刊阅读课外教学内容和模式的探索和实践则相对较少。事实上，英语报刊阅读能力的提高仅仅依靠一周两节的课堂教学是远远不够的，如何延拓教学空间，突破课内教学模式的局限，做到课内与课外有机结合，形成集多种教学模式和教学手段为一体的完整教学体系，这也是今后教学改革需要关注的地方。

（三）英语报刊教材问题

20多年来，我国高校英语报刊教学已经有了很大发展，使用的教材有近上百种，教材内容也是各有特色，许多知名专家教授为这门课程的教材编写倾注了大量心血，也极大地推动了该课程的发展。但是，相较于新闻的时效性要求，报刊阅读教材先天的滞后性特点决定这门课需要课外教材的不断补充。近年来，随着互联网和各种移动终端数据的普及，不少教师尝试着将传统的阅读教材与网络资源相结合，把网络电子报刊资源引入到课堂。但是网络英语媒体资源鱼龙混杂，作为课堂阅读教材，面对不同层次的院校，不同需求的学生，教师该如何恰当合理地进行课外选材，需要把握好哪些原则，这些无不对新形势下的报刊教学提出了新要求。

（四）学生群体的变化

受家庭环境、教育背景和社交关系等原数据的影响，当前"95后"学生的学习观念和学习模式与以前学习者相比已经发生了巨大的变化。面对信息数据时代的到来，存在两类不同反应的学生群体：一类学生习惯于信息"内爆"的碎片化体验，青睐于用更快的方式汲取更多的内容。随着网络时代信息传播载体更加便捷，更多的学生带着手机走进"移动"课堂学习。他们不满于传统的"听众"身份，也厌倦于传统的教学模式，借助于无所不在的校园无线网络，利用微博、微信平台查阅各种英语阅读学习信息，独自阅读网上期刊，拒绝教师讲解下的报刊教材阅读；另一类学生群体（尤其是刚刚入校的大学生）则对新时代所带来的学习革命反应迟钝，对于大数据信息时代背后隐藏价值的认知和利用毫无概念，他们在英语报刊阅读学习方式和思维上更依赖于教师和教材。这两类学生群体，从专业学生的可持续发展和自主学习能力养成来说，如果不加以正确引导，很显然无法达到报刊阅读教学所要求的学习目标。对于教师而言，必须根据大数据背景下不同学生的学习特点和学习需求，通过一种切实可行的报刊阅读教学模式，以帮助学生找到最为适合的阅读和语言实践中介。

二、大数据时代英语报刊教学的新思维

（一）碎片化教学与模块化教学

信息化社会的到来正在打破和改变传统教育，教育与学习方式的许多理念也不断在发生改变。按照工业时代劳动密集生产方式设计出来的有边界限制的班级授课制已无法满足大数据时代对教育的需求，尤其是人们已经习惯于基于网络的日常活动和学习，如网上购物、网上阅读、网上写作等。在这种背景下，许多新型的教学方式被开发出来，如大规模开放课程、微课以及各种资源共享课，等等。基于网络资源的微课，短小精悍（一般 5～15 分钟），设计精细，视频资源呈碎片化，但主题集中，逻辑严密，围绕某个知识点或者教学环节完整展开。这些新型教学方式打破了传统的固定课时的模块化教学，是新时代下教育变革发展的必然趋势。对于报刊阅读课程教学而言，它带来了难得的改革发展机遇——教师可以更为灵活地选择教学内容；学习者也可以更加自由地安排自己的学习和复习计划，而且学习场所也不必局限于教室。大数据网络时代，大学生几乎人手一部手机，在几乎人人进行上网浏览阅读的背景下，报刊阅读的课堂教学模式也应该做出结构性调整：基础性阅读任务由学生课前完成，深度任务如培养学习者获取信息能力、批判性思维能力以及提高学生综合人文素养等环节由老师课堂指导，通过课内课外合作实现高效的混合式学习。此外，利用网络媒介，视频记录教师在课堂内外教学过程中围绕某个知识点而开展的教与学活动的全过程，将其提供给学生，使他们能够根据自身的需要随时随地在线学习。总之，大数据实现了学生课内、课外在线阅读的积累，教师可以通过后台数据库统计班级的整体阅读情况，获得有价值的数据报告，紧密跟踪了解学生的报刊阅读状况。

（二）海量资源与个性化学习

根据学生的实际水平，充分满足学生的普遍及个性化需求，是衡量教育是否成功的一个重要指标。大数据时代最广的新闻资源以及大量鲜活、真实、生动的语言素材有效化解

了报刊阅读教材整齐划一和时效性滞后的问题，同时也为实现以学生自主学习为中心、学生主动搜集分析有关信息资料、对所学问题提出假设并设法加以验证并由教师予以引导激励的个性化学习提供了无限可能。但是海量资源的呈现并不是放手让学生自由选择文章，随意阅读。教师应在教学大纲的要求下，根据教学计划预先设置、选择好每次课堂教学的话题和材料，然后提供一定量的预习作业和思考题一并发送给学生。学生利用网络大数据信息，查找有关背景知识，阅读相关内容的报道，概括该新闻报道中的常用术语，同时借助网络电子工具完成学习资料的初步阅读。之后，教师对学生的作业进行分析和发掘，形成有效数据，并对这些数据进行归类与分析，了解每一个学生的需求，从而在接下来的课堂教学中进行有针对性的个性化教育，避免学生面对充满晦涩语言和政治偏见的报刊阅读材料时出现手足无措、难以理解的情况。

（三）阅读与欣赏对接

语言不仅承载信息传递的功能，同时也是一种文化情感符号。阅读是人类获取知识和信息、丰富思想感情、增长见识最原始、最普遍的方式。传统的英语报刊阅读教学比较注重英语语言知识的学习和文本的理解，对于学习者从英语报刊文章中所受的情感熏陶，所获得的思想启迪和理解比较忽视。大数据时代基于云计算的现代教学手段，使得学习者零距离接触大量英美原语期刊文章成为现实，英美报刊记者和各色专栏作家视野下的英美社会文化形态和各种价值观也被完整呈现给读者。在此背景下，报刊阅读课程教学应转变思维，从单纯的文章讲解逐渐转向对文章内涵的深入探讨，通过有组织的小组活动，采用口头陈述或书面写作的方式，将探讨的内容由语言知识意义延伸至社会现实及学生的自我体验，使得学生在课堂上保持一种高强度、兴奋的思维状态；另一方面，教师也应尊重学生的阅读兴趣，引导学生读解、领悟文本思想，引导学生构建一种不同文明形态对话与宽容的阅读心态，提升跨文化交际能力和批判性思维辨析能力。

（四）多元反馈与绿色测评

评估与反馈是课程教学中的一个重要环节。在传统教学理念的影响下，报刊阅读课程考试以闭卷笔试为主，内容比较局限于知识性、识记性的考核，学习者的课堂注意力和学习兴趣也被压制在琐碎的词汇记忆上，其思维辨析能力、信息素养能力以及多元文化交际能力难以得到考察。此外，由于课程终结性考核的滞后性，学习者的学习状态及问题也无法及时得到一一反馈。大数据时代的到来，使得依靠信息技术支持的智能化课程教学服务体系得以培养和发展，建立在团队合作基础之上的课程内容解读和监测也将变得更加完善。报刊阅读中的语言知识点考核能够依据阅读智能评估体系网络平台及时推送，学生的测评反馈信息及时充分，而且所有考核能够做到动态化、自动化、智能化。当然，限于当前的网络技术条件，这个英语报刊阅读智能评估体系网络平台的建立还处于初步起始阶段，但它对于报刊阅读课程考核与评估的意义是不言而喻的。对于非知识性的能力考核，其考评可以改为小组 PPT 展示以及小组讨论或者辩论等方式，使得教师对学生的了解更全面、更充分。在大数据课堂教学模式下，不仅是教师对学生的表达和思维进行评价，其他学生也可以参与评价，因此，评价主体是多元互动的，过程是双向的。

三、大数据在英语报刊教学应用中所面临的挑战

大数据时代的来临，在线教育的无处不在，对高校英语报刊教学产生了深远的影响。报刊教学在得到巨大发展机遇的同时，也面临着不小的挑战。

首先，教师的传统角色与职能面临转变。在传统以讲授为主的课堂语境里，教师关心的只是与自己专业相关的知识、信息、数据，他们是各种学习资源的提供者，尽管这样的资源数据非常有限。而随着封闭课堂向开放课堂、教师中心向学生中心的转变，大量有关学习者的资源数据喷涌而出，师生界限越来越模糊，这给报刊课程教师带来了全方位的挑战和冲击。除了更高的专业知识和信息技术能力，教师还应具有课程自主设计与实施的核心能力。陈坚林把这种核心能力具体细化为教学技术与方法的运用、教学内容解读和资源建设、教学组织掌控、教学异步管理、监测研究、教学环境营造等六个方面。很显然，大数据时代将彻底改变以往教师个体的身份与角色。具体到大学报刊阅读课堂，教师要组建智能化教学团队，整合各种资源，根据学生的个性与特质，选择报刊阅读资源，设计活动主题，划分学习小组，分配学习任务，提供各种学习策略，及时给予有效评价，为学生的学习提供服务与指导。这些既是大数据时代对报刊教学所带来的挑战，同时也是新时代提供给教师创新性的专业发展机遇。

其次，整合线上线下教学内容、达到高效教学的目的，是开放式教学亟待解决的问题。在大数据时代，网络在线教育、翻转课堂等理念已成为主流。英语报刊阅读作为与现代信息技术接触较为紧密的课程，从目前各高校该课程的发展趋势来看，采取网络开放式教学也将逐步成为主流教学模式。网络开放式教学以线上阅读、指导和线下教学立体结合的方式延展了教学空间和时间，使报刊阅读不再拘泥于课堂和教室，也使得学习的开放性和互动性得以完整地体现。但是，由于教学对象、形式、技术、呈现方式等与传统教学不同，网络报刊阅读内容的设计和指导需要对在线学习规律和一定的技术手段进行全新的理解和运用，此外还有线上线下内容的分配和整合问题。当前许多高校开通了国际上通用的慕课平台，向学习者提供海量的课程学习资源，但是关于英语报刊阅读课程，笔者查阅梳理后尚未发现有较为成熟普及的课程教学资源，更遑论线上线下相整合的课程学习内容。大多数教师都是各自为政、各自摸索。这显示出英语报刊阅读教学在面对大数据开放教育时的尴尬。

大数据时代的到来加速了社会的变化和发展，同时也给高校英语报刊教学带来了机遇和挑战。机遇是显而易见的，如探究报刊个性化教学，利用海量资源学习，创设多元、高效的网络生态阅读环境，等等；但是在新时代提供机遇的同时，挑战也如影随形。如何利用海量烦杂的数据信息，借助智能化平台，用网络空间来置换课堂时间，同时使有限的课时变得更加高效，这是今后报刊英语教学值得探索的主题。

第五节　大数据背景下高校网络资源库的建设

"大学英语"课程进行网络自主学习，是新时代"大学英语"教学改革的发展方向，资源库的建设是进行网络自主学习的重要保障。将大数据技术应用到资源库的建设，可以使资源配置科学化、合理化、智能化，能有效地培养学生的自主学习能力，提高"大学英语"课程的教学质量。本节基于大数据背景，对高校网络资源库的建设进行了分析与研究。

目前，"大学英语"课程教学改革是每个高校研究的热点，网络自主学习是新时代"大学英语"课程教学的重要组成部分。利用大数据技术对资源库进行开发和利用，将优质信息资源进行科学地整合发布。学生通过访问共享资源和师生互动来提高语言能力，可以有效提高"大学英语"课程的教学质量，增强学生的自主学习能力。

一、"大学英语"课程网络资源库建设现状分析

（一）学习资源丰富且杂乱，缺少逻辑相关性

目前，很多高校都建设有"大学英语"课程网络自主学习平台，虽然都拥有海量的外语学习资源库，但是很大一部分都是为了充当信息数据存储容量。只要是与"大学英语"课程有关联的各类音视频资源，都盲目地加入，各类资源的主题内容杂乱无章，资源间缺乏知识点的逻辑相关性，只一味地追求资源库的存储容量，忽视资源内容间的耦合度。

（二）教学资源内容陈旧过时

教学资源库里的学习内容是激发学生学习兴趣的关键指标之一，目前，"大学英语"课程网络资源库的内容大都经过十几年跨度的慢慢积累，部分内容相对陈旧过时，已经不能适应新时代经济社会的发展和"大学英语"课程教学的需求。很多资源的内容与现实世界相差很远，已经不适应现代年轻大学生的学习需求习惯，在一定程度上严重影响了"大学英语"课程的教学效果，与此同时，抑制了学生对"大学英语"课程网络自主学习的主观能动性，使学生主动、自主学习的积极性极大降低。

（三）教学资源没有统一的评价标准

"大学英语"课程网络资源库里的多媒体资源基本包括文本资源、音频资源、视频资源、教学案例资源等。在制作课程资源时，受到软硬件环境的影响，容易出现五花八门的音视频格式。标准不统一的音视频资源在播放效果上区别很大，有的视频图像清晰度很差，而且显示画面大小不一，有的音频文件声音大小不一，有的资源格式对客户端操作系统的浏览器要求比较严格，造成学习资源应用中的通用性不强。

二、"大学英语"课程网络自主学习资源库建设的意义

有利于"大学英语"课程数字资源共享。"大学英语"课程网络自主学习最重要的核心是学习资源库的建设，资源库是各类"大学英语"课程教学资源的汇集地。任课教师可以利用资源库平台，将自己制作的教学音视频资源上传到资源库。与此同时，资源库还可以收集与大学英语四六级考试相关的辅导练习资源、考研英语相关的音视频资源，还有各类英语考试、考级的模拟题库资源。通过所有任课教师长期共同对资源库的更新建设，把集体的教学智慧汇集到资源库，就会形成一套符合本校实际情况的"大学英语"课程网络学习资源库，网络学习平台通过资源共享的方式，将学习内容发布给每个学生进行学习，以达到因材施教的效果。

有利于促进"大学英语"课程教学的改革与发展。"大学英语"作为高校的必修公共课程，学生人数多，英语基础参差不齐，教师教学工作量大，会给教学带来很多问题。建设"大学英语"课程网络资源库，是实现新时代信息化教学的重要途径。学生可以充分地利用网络学习资源来自我查漏补缺，根据自己对"大学英语"课程各知识点掌握的程度，有针对性地选择适合自己知识结构的资源进行学习。将"大学英语"课程的传统教学进行线上、线下的自由翻转，学生利用网络学习平台在任意时间、任意地点进行自由学习。任课老师可以根据学生的学习情况，线上进行面对面答疑，线下进行有针对性的目标教学，极大地提高"大学英语"课程的教学质量和教学效率，也对课程教学改革起到了积极的促进作用。

有利于开拓学生的视野，增加学生学习兴趣。"大学英语"课程网络资源库以教材资源为基础，进行立体化多维度建设。学生在进行教材配套数字资源学习的基础上，可以进行拓展学习。网络资源库还建设有涉及政治、经济、文化等人文社会科学和自然科学方面的资源。学生可以根据自己所学的专业背景，在资源库里面挑选适合的学习资料，通过"大学英语"课程的学习，涉猎自己的专业知识，不仅拓宽了学生的专业学习视野，同时还增加了学生学习"大学英语"课程的学习积极性和学习兴趣。

有利于培养学生的自主学习能力。课堂教学现在已经不能满足学生对语言训练的需求，那么，"大学英语"课程网络自主学习平台就是建立在以教师为指导，学生为中心的教学

模式，为学生营造一个自由、和谐的学习氛围与情境。教师根据教学计划进度，在网络学习平台发布学习任务，学生在规定时间内自主规划安排学习。如果学习中遇到疑难问题，可以通过在线答疑平台向老师询问，教师根据学生的学习情况和疑难知识点，有针对性地进行面授教学辅导。网络资源库提供了多元化的知识点，利用新一代信息技术制作的多媒体教学资源使教学内容动态而丰富，可以发挥学生的创造性，促进学生进行个性化学习，培养其自主学习能力。

三、大数据技术在"大学英语"课程网络资源库建设中的应用

（一）使"大学英语"课程网络资源库建设更加合理化、科学化、智能化

针对"大学英语"课程网络资源库内容烦杂和缺乏逻辑性的问题，可以利用大数据技术对现有信息资源进行分类整合。利用大数据强大的分析功能，将资源按照"大学英语"课程进行分类汇总，比如读写译资源库、视听说资源库、文学资源库、专业英语资源库、外文影音资源库、考试资源库等。经过科学化的分类标准，将资源库内容进行合理的分类，使学习资源更加贴近学生的学习。在进行资源信息采集时，大数据分析系统会根据内容标题自动识别分类存储。将传统以人工点对点方式进行数据的采集模式转变为系统自动识别存储，提高了资源采集的效率，使资源库建设更加简便、智能和高效。

（二）对"大学英语"课程网络资源库建设进行深度挖掘

网络资源库中音视频资源占主要比重，将相关资源进行标准统一显得格外重要。音视频资源以目前 MOOC 中的各类标准为基础，可以预先设定资源库的格式标准，将新一代信息技术引入资源库的建设中，利用大数据、人工智能和多媒体技术，对资源库进行全盘扫描。将不符合条件标准的音视频数据全部自动筛选出来，利用多媒体信息技术集中进行格式标准的转码，让所有数据标准统一，使网络资源跨系统平台无障碍运行。与此同时，利用大数据技术对资源库进行深度挖掘，将资源库中的资源根据学习热度和点击量进行数据分析，根据学习资源量化指标，有目的地进行资源的增补添加，如此，建设的资源将会变成是学生想获得的内容，使资源库发挥最大的使用效率。

（三）利用大数据分析学习路径，点对点地推送最佳学习资源

"大学英语"课程网络学习平台可以根据学生的学习路径，利用大数据技术分析学生对知识点掌握的情况，网络平台会自动筛选相关联的资源推送给学生进行巩固训练。"大学英语"课程课堂教学和网络自主学习效果是每个任课教师迫切想知道的。大数据技术可以对所有学生的网络学习状态进行实时追踪，对所有学情信息分类汇总，将学生对知识点掌握的程度进行数据化，并提供给任课教师。信息将会为"大学英语"翻转课堂的教学提

供内容指导，让教学内容更加符合学生的需求，从而有效地促进改革顺利进行。

（四）创新"大学英语"课程网络自主学习综合评价体系

传统的评价模式是以学生完成网络学习任务，参加网络测试后的成绩来评定课程成绩的，存在一定的局限性。大数据技术可以对网络学习进行全方位、立体化、多维度的综合评价，根据学生的学情数据、学习热度数据、在线答疑数据、在线测试数据、课外学习数据、语言训练数据，利用大数据技术对平台学习信息按照一定的比重参数进行离散整合，得到能反映学生真实学习效果的综合评价。不仅创新了"大学英语"课程网络自主学习的评价体系，而且为课程教学提供了指引方向。

"大学英语"课程网络自主学习适应新时代课程教学改革的需求，资源库建设的强弱决定了网络自主学习的质量。将大数据技术引入网络资源库的建设，可以使资源更加人性化、科学化、智能化。让资源更加贴近学生的实际需求，激发学生网络自主学习的激情，有效提高"大学英语"课程网络自主学习效率，进一步深化课程教学改革，为学校建设应用型一流大学提供支撑条件。

第六节　大数据时代下的高校英语翻转课堂教学

大数据技术带动了高校英语课堂教学模式的转变，其中，翻转课堂教学模式正是当下比较火的一种教学模式。由此，基于大数据背景，提出大学英语课堂引入翻转课堂教学模式的想法，并对大学英语翻转课堂可行性进行充分的分析，提出如何提高大学英语教学视频制作质量，探究翻转课堂教学模式下的大数据运用，翻转课堂模式下学生自主学习控制与管理以及大数据视域下英语翻转课堂的教学评价等，构建高效的大学英语翻转课堂教学模式。

引发英语教学资源爆发式增长。在大学英语传统教学模式下，英语教学资源主要以教材和纸质资源为主，教学资源相对贫乏。大数据时代下数据以爆发式的态势增加，英语教学资源不仅数量巨大，而且教学资源种类繁多，为大学生英语学习提供海量资源。爆发式增长的教学资源，使得英语教学摆脱资源束缚，极大地提高了英语教学的内容含量，使高校英语教学内容得到进一步的丰富，学生英语学习视野得到进一步的拓展，引向英语教学进入资源时代。

赋予大学英语因材施教以可能。在大学传统英语教学模式下，英语教学主要以现场的课堂教学为主，英语教学设计主要面对学生全体展开设计，尽管在实际教学过程中教师能够意识到因材施教,尝试实施分层教学,但是受教学时间、教学空间和教学其他条件等制约,因材施教缺乏可操作性。在大数据时代下,教师可以利用大数据优势和网络平台优势等,打破传统课堂唯一主阵地,利用网络学习平台为学生创造多样化学习机会,学生可以根据自己的英语能力和英语基础、兴趣爱好等,进行自主选择,从而赋予因材施教以可能。

营构适合学生自我学习的环境。自主学习能力是大学英语教学中学生必备能力之一,在传统教学模式下学生英语学习主要局限在英语课堂,离开课堂教学学生的自主学习难以获得外界的有效支持。在大数据时代下,学生英语学习环境得到了进一步的优化,不仅学习资源丰富,为学生提供大量的可供选择的自主学习资源,而且网络学习平台能够改变传统模式下学生自主学习支持缺失的现状,学生之间可以借助网络平台进行互动,学生和教师之间也可以借助网络平台进行互动,在大数据时代下,学生自主学习的环境已经相对成熟。

引发英语教学体系全面性变革。大数据对高校英语教学的影响不是某一方面的,而是系统性的。大数据视域下,高校英语教学环境、教学条件等都受到巨大的影响,它引发了英语教学体系的全面性变革。教师的教学方式将进行变革,从注重教的设计逐渐转向注重学的设计,教师将根据新的学习环境和学生学习需求,不断地优化教学方法;教学内容和教学评价也发生了重大变化,教学内容更加丰富,教学评价将突破传统"唯知识性"评价模式,基于翻转课堂教学模式构建新型评价方式。

一、大数据视域下的大学英语翻转课堂教学模式理论

掌握学习理论。布卢姆是掌握学习理论的提出者,该理论指出一切学生都具备学好的可能。掌握学习理论是基于集体教学,以反馈为主要手段,倡导为学生提供个别化引导,使学生具有一定的自主学习时间,这样能够使绝大多数的学生能够达到规定的掌握标准。该理论下教师主要为学生的学习提供支持性和引导性作用,主要包括向学生提供材料,提供学习所需要的工具和必要的帮助等,学习目标的制定和学习时间的掌握则由学生自主设定,大数据视域下翻转课堂无疑为学生学习的掌握创造了可能,学生在大数据提供的支持下,开展自主学习活动,教师从课堂中心中转变出来,能够促进学生对学习的掌握,使大部分学生能够达到掌握的要求和标准。

建构主义学习理论。建构主义理论也称为结构主义理论,该理论认为人们的认知、知识和意义的生成是人们经验和思想交互的结果,在理论主张下,它认为技能不同、背景不同的学习者,能够基于学习任务、围绕学习活动等开展合作学习,从而在某一个领域形成共同的认知,它突出学生在知识建构中的主体地位。大数据视域下的翻转课堂教师可以针对某一学习主题设计学习活动,从而形成以学生为中心的课堂教学模式,学生在自主学习体验中完成自主建构。

元认知理论。心理学家弗拉维尔提出了元认知理论,该理论指出元认知就是在个体自

我认知过程中，运用知识调节学习过程的一种能力。不仅如此，还是基于人们思维与学习活动的知识和控制。从这个意义分析，元认知主要包括元认知知识与元认知控制两大部分。在翻转课堂模式下，学生认知的过程就是一个不断运用知识建构新知识，不断实现知识内化的过程。

交互决定论。阿尔伯特·班杜拉则提出交互决定论，它是在汲取既有理论知识的基础上，吸取行为主义、人本主义、心理学知识的优点的基础上建立起来的。该理论认为，人们的行为、环境等多种因素不是孤立的，而是存在密切的关系的，它们互相联系、互相作用。简单来说，事物之间是互相作用的。大数据视域下翻转课堂正是基于大数据环境因素、人的因素和行为因素等，以促进环境、人和行为之间的交互性，是交互的结果。

二、大数据视域下大学英语翻转课堂教学模式建构

（一）大学英语翻转课堂可行性分析

大学英语教学中运用翻转课堂是否可行，除了理论建构外还要基于大学英语教学体系进行系统性分析，从而对翻转课堂应用于大学英语可行性进行进一步分析，以提高翻转课堂建构的有效性、科学性。

教师因素。大学英语教师与中小学英语教师相比，他们的综合素质以及接受新事物的能力相对较高，能够针对大数据环境做出积极的应对，并能够快速地胜任翻转课堂教学模式对教师教学技能的需要。此外，大多数英语教师运用信息技术的能力比较高，接受能力较强，这就使得翻转课堂的建构获得教师因素支持，以确保教师队伍能够满足翻转课堂需求。

学生因素。从学生层面而言，大学生是经过高考选拔出来的，因此，他们的综合素质相对较高，具备自主学习的能力；从学习自觉性来说，大多数的大学生具有较好的自觉性，能够自主围绕微视频开展学习，并且能够将微课学习与课堂学习有机结合起来，能够对自主学习进行信息整合，梳理出学习成果，总结学习过程中存在的不足等，从而使翻转课堂教学模式得以实现。

教学环境因素。从教学环境分析，翻转课堂与传统课堂相比，教学环境从相对闭塞转向开放，开放性越来越大；不仅如此，教学环境能够为学生自主学习提供资源和技术支持，学生可以借助互联网学习平台，获得必要的学习资源，能够基于网络平台进行即时的学习互动，获得其他学习对象、教师等学习支持。因此，在翻转课堂教学模式下，学习环境更加成熟，相对完善，为翻转课堂提供环境支持。

（二）大学英语教学视频制作

大数据视域下翻转课堂的建构需要相应的视频作为支持。目前，微视频的开发形式主

要包括以下两种：一种是直接从网络寻找，这种方法虽然比较简单，但是缺乏针对性；一种是自主开发，这种方式需要耗费大量的人力，但是针对性较强，是教学视频制作的常用方式。教师要制作出高品质的教学视频，需要做好以下几个基本环节：

设定学习目标。教师要根据学生的英语学习能力以及英语教学内容，对教学视频所要达到的教学目标进行设定，并检视教学视频是否有助于促进教学目标的达成，从而开发出适合翻转课堂的教学视频；对于一些简单的教学内容，教师可以选择简单的方式，例如，PPT，也能够达到翻转课堂的目的。

教学视频制作。教学视频制作主要包括视频制作工具选择、教学程序设定等，教学视频制作工具的选择，要根据不同的教学视频要求选择不同的制作工具，要求不高的可以选择简单的工具，要求严格的可以选择专业的视频制作工具；教学视频程序的设定要尊重学生的认知特点，并保持与教学内容有高度的匹配度，从而确保制作出的视频能够达到翻转课堂的教学要求。

教学视频修饰。教学视频前期制作后，教师要基于学生的视角，对教学视频进行后期的修饰，主要包括视频的清晰度，视频的长短。教师要根据实际情况对教学视频进行合理的增删，从而确保教学视频的品质。

教学视频发布。教学视频的发布即将教学视频借助网络平台提供给学生，由于各个高校系统不同，发布的形式各不相同，所以可以借助外部平台，也可以借助高校内部局域网。在发布时，既要考虑教师发布的便捷性，又要充分考虑学生的实际情况，一切以便捷、高效为发布的基本原则。

（三）翻转课堂教学模式下大数据运用

大数据视域下，翻转课堂教学模式下，均需要充分利用大数据优势合理地运用大数据，实现对平台资源的大数据整合以及学生学习层面数据的优化分类。

平台资源的大数据整合。在大数据时代下，英语教学资源异常丰富，这就带来一个新的问题，即数据资源价值密度降低的问题。这就需要我们利用大数据优势，进行平台资源的大数据整合。教师可以利用大数据优势，对学生英语学习需求进行数据化的采集与分析以及学生教学视频学习数据痕迹，进行数据化的分析和整合；了解学生英语学习个性化需求，根据学生的兴趣爱好、个性化需求等，选择适合学生的内容制作教学视频，这样能够极大地提高教学视频目标达成度，激发学生英语学习积极性，从而建构起适合学生的数据平台。

学生层面的数据优化与分类。在传统英语教学模式下，教师也根据学生英语学习需要提供在线辅导，这为翻转课堂的实施奠定了坚实基础。大数据视域下，要进一步发挥大数据优势，就要基于师生角色转变，即教师的主导身份、学生的主体身份等，利用大数据对学生的英语学习行为进行数据化分析，把握学生英语学习的一般特点、规律和习惯爱好等，及时发现翻转课堂教学模式下学生信息接收方式，从而及时地对翻转课堂教学模式进行优化，使数据得到进一步的优化，使之更符合大学生英语学习爱好，激活大学生英语学习的主观能动性。

（四）翻转课堂模式下学生自主学习控制与管理

首先，借助大数据和网络平台在线技术优势。在翻转课堂教学模式下，英语学习主要以学生自主学习为主，教学视频是主要的载体。大数据具有在线监测功能，我们可以利用大数据对学生的英语学习过程进行监控，了解学生在线学习的痕迹以及在线学习时长等，对学生翻转课堂的学习情况进行监控，对存在问题的学生及时发出提醒，并与翻转课堂教学评价等有机结合起来，从而实现对学生翻转课堂过程学习的有效控制。

其次，借助在线检测功能。为了及时地了解学生翻转课堂的在线学习效果，在制作教学视频时，教师可以根据教学视频内容，穿插一些检测性的练习，让学生在自主学习基础上即时地进行练习。如果学生不进行自主学习，对英语教学视频内容不了解，学生就难以完成在线检测任务，无形中完成对学生在线学习的控制。

（五）大数据视域下英语翻转课堂教学评价

大数据优化过程性评价。过程性评价一直以来是英语课堂教学评价的薄弱环节，在大数据视域下，大数据提供了技术支持，教师可以利用大数据技术手段，对学生翻转课堂的学习过程进行有效的数据采集和整合，再根据过程性数据进行科学的分析和整合，从而对学生过程性学习作出及时的评价，让学生根据过程性评价及时调整学习行为、学习状态等，从而发挥课堂评价导学功效。

大数据优化评价方式。传统英语课堂评价主要以课堂检测为主，这种评价方式不仅单一化，而且实际效果不佳。大数据视域下，翻转课堂教学评价将得到进一步的优化，教师可以借助大数据技术支持，不断地优化翻转课堂评价的方式，除了传统的书面检测外，还可以采用在线测试、学生问卷等评价方式，不断丰富课堂评价方式，并借助大数据互动优势，引入学生评价主体，综合学生自评、互评等，拓展评价主体。通过优化评价方式，将过程评价、结果评价结合起来，将教师评价、学生评价等融合起来，提高翻转课堂评价的科学性和有效性。

大数据对大学英语带来了巨大的影响，为大学英语带来机遇。大学英语教学构建翻转课堂不仅是信息技术发展与课程教学融合的结果，同时又有多重理论作为支持。作为大学英语教学，要进一步强化教学变革意识，能够根据大数据时代环境，构建英语翻转课堂，并基于英语翻转课堂教学体系，进行系统化的设计，从而使翻转课堂更好地贴近英语教学，迎合学生认知特点。然而，翻转课堂教学模式建构不是一个简单的工作，它需要教师结合大学英语教学实践，不断地提高信息化素养，充分利用大数据，变革传统大学英语课堂，构建高效的翻转课堂，将大学英语教学推向一个新的高度。

第六章 大数据时代高校英语教师发展研究

第一节 大数据时代高校英语教师跨越式发展

在大数据时代，高校英语所确立的教学目标、所面对的教学对象、可供选择的教学资源、所教授的教学内容、所采用的教学与评价形式和方法均呈现出复杂多元化的特点。本节从大数据时代给高校英语教学带来的冲击入手，分析高校英语教师在大数据时代面临的挑战，重点研究高校英语教师在大数据时代如何实现跨越式发展，主要包括转变教育教学理念、改进课堂教学模式和方法、提升自己的教研能力和"跨学科"能力、树立终生学习的理念和意识。

美国互联网数据中心将大数据定义为一种新的技术构架。借助这种新技术，人们可以快速地发现、获取、分析、筛选而后提炼出有价值的信息，用于学习、生活与工作。"大数据"具有数据体量大、数据类别大、数据处理速度快、数据真实性高四个特点。以使用批改网让学生练习写作或翻译为例。教师创建好题库和教学班级、布置写译任务、学生按期完成写译任务，批改网或教师对完成情况从词、句、篇等方面进行点评，学生再根据指点进行反复修改直到任务截止日期。在教师创建的题库、批改网与教师的指点以及学生无数次的写译创作与修改的整个过程中就会产生大量的数据信息，批改网会自动记录在案。将整个英语写作任务过程的数据信息汇集起来，就构成了一个英语写作大数据。教师将大数据进行加工处理，然后用于优化写作教学或者课题研究。学生可以利用大数据了解自己的写作水平、优势劣势，学到新的写作知识、技能与方法，从而创作出更优美的文章。

一、大数据时代高校英语教师面临的冲击和挑战

伴随着大数据时代的到来，基于网络崭新的教学形式不断涌现，尤为突出的是慕课、微课、翻转课堂等。有了大数据技术，大学生的学习、生活以及社交阵地都转移到了网络，英语学习也不例外。传统的大学英语教学模式已无法适应新形势的需求，过去常用的大学英语课堂教学形式与方法受到了很大的挑战与冲击，教师面临着巨大的压力。大数据时代

里，英语学习资料极为丰富，学生获取资源的渠道五花八门而且便捷神速。学习方法与习惯呈个性化、多元化趋势。大学英语教学活动的中心正逐渐由教师转向学生、教学内容的中心载体正由书本逐渐转向大规模的英语语料库。大数据时代要求高校英语教师与时俱进，不仅要做单词、句法、篇章等知识的讲解员，也要做听说读写译等技能的培训员，更要深入地了解学生，成为学生兴趣激的发者、畅游大数据语言海洋的导航者、个性化学习的指导者。高校英语教学在面临着巨大冲击的同时，也正面临着大数据带来的挑战与机遇。中国工程院院士李德毅在语言智能与外语能力提升学术研讨会上表述："语言是人类思维的载体，研究语言，研究怎么应用语言，这是值得做的事情，尤其是在大数据时代。"大数据本身以及大数据迫切要求高校英语教师树立"大数据"意识，通过大数据交换、整合、分析，大胆尝试，勇于创新，发展自我，以促进英语教育教学。

二、大数据时代高校英语教师的应对措施——跨越式发展

在大数据时代，英语学习资源极为丰富。除了从校园、课堂、课本等途径之外，学生还可以借助移动电话、QQ、微信等数字化实时交际工具随时随地从互联网等媒介获取学习资料并开展学习。要顺利跨越传统以适应大数据时代的要求，高校英语教师必须转变教育理念，改变教学方式，提升科研能力和"跨学科"能力，树立终身学习意识。

大数据时代高校英语教师教育理念的更新。大数据时代的高校英语教师要学会走进网络更新教育理念，因为无论是备课还是上课，教师都离不开网络技术；要采用翻转课堂、微课堂、教学平台辅导答疑等形式，教师也不得不借助于网络；要及时地了解与关注教学改革新动态、新思想，教师也要用网络这一最快捷的方式。高校英语教师要从台前走到幕后，尽量让学生真正成为课堂的主人而自己成为学生的帮助者；要从屏前面走到屏后去，帮助和支持学生进行课程开发与设计。

（1）用互联网教学思维来组织教学引导学生。大数据时代的高校英语教师要有互联网教学思维。互联网教学思维的精髓在于学习者至上、大数据教学与平台教学。高校英语教学要以学生为中心，充分认识了解英语大数据，学会在教学平台上共享、共赢。

（2）课堂分享与讲授双轨引领学生学会探寻。大数据时代的高校英语教师要指导学生学习英语知识。英语教师在实施课堂教学时，师生之间、生生之间都应分享学习体验，引领学生在体验中学习，学会知识建构。对于一些因缺乏人生经验或阅历不足而无法学懂的知识，教师就必须进行讲授。英语教师真正要解决的是在课堂上如何讲的问题，要让学生明白殊途同归的道理，要引领学生自己学会探寻。

（3）组织教学资源引领学生合作探究。大数据时代，学生除了需要教师具体化、个别化的指导外，还需要教师帮助他们并与他们一起合作探究。教师不仅是课堂组织者，同时还是教学资源的组织者。互联网可以帮助解决"知"的问题，但是对于"行"的问题却

束手无策。"行"的解决要靠教师的指导与引领。教师要想方设法地让学生从网络中解放出来，实现"知""行"合一。

（4）教书育人——引导学生正确认识人生。大数据时代的高校英语教师在教书的同时还要注重育人，要引导学生正确地认识世界、理解人生，成为他们的人生导师。虽然在大数据背景下，人人都可以从网络中获取所需知识。但是，有些知识不是从网络上就可以获取的，比如，与人相处的直接体验、同学之间面对面的沟通与交流、与教师面对面的讨论所带来的灵感等。这些知识的获得必须通过人文学科教育教学。高校英语教育教学的作用绝非仅是传授英语语言与技能，大学英语学习也绝非仅是为了四、六级等考试。大学英语教学的价值更在于从崭新的、异国的、跨文化的视觉帮助学生认识和理解人生，帮助他们学会学习，构建并完善自己的思维模式、探索学习之路，形成正确的价值观和积极的人生态度。

大数据时代高校英语教师教学的创新。在大数据背景下，互联网技术几乎渗透到了整个教学过程。高校英语教师如果不了解大数据、不懂得使用互联网技术，教学就无法开展。高校英语教学理念与思想的转变应顺应大数据时代的要求，教师要认识到自己不再只是英语知识的传授者、疑难的解答者，而是英语知识的导航者、兴趣的培养者、习惯的管理者、活动的设计者、关系的协调者。

（1）教学设计创新。在大数据时代，大学英语教学设计不只要基于课堂和教材，还要基于学生的实际，跳出教材，减少甚至摒弃纯粹的课堂语言知识讲解形式，将教学重心逐渐转向模拟特定工作情景的语言实际运用能力培养方面；引导学生进行小组学习、合作探究学习、网上学习，培养学生解决实际问题的能力，最终实现自主建构知识与能力的目的。此外，教师还应根据学生在学习内容、方法与效果上的个体差异，精心设计个性化的辅导方案。

（2）教学方式创新。在大数据背景下，高校英语教师要学会让互联网技术与英语教学实现无缝交织，这包括课前的教学设计、课件制作、教学实施、课后总结等诸多方面。将不同的教学活动，如课堂面授、在线教学、微信、QQ空间等形式加以结合，将传统的教学优势和数字化教学优势有机结合，既发挥教师自身引导、启发、监督教学过程的主导作用，同时又充分体现学生的主动性、积极性和创造性。这样，高校英语教师才能向创新型教师发展。

（3）施教策略创新。在大数据背景下，高校英语教师要分析和研究高校英语教学过程中产生的海量数据，借助研究工具来开展有数据支持的实证研究，提出优化教学的策略与实施计划。通过数据分析，利用大数据优势，为学生量身打造英语学习计划与策略，提高精准施教的水平。

大数据时代高校英语教师提升教研和"跨学科"能力。在大数据时代，高校英语教师要认清现状及存在的问题，积极参加与学科相关的专题研究与培训。提高自己在大数据时代的英语教学改革能力、英语科研能力、专门用途英语的学习能力，大数据分析与运用能力。把教学与科研有机结合，以教促研、以研优教，提升自身的科研能力和"跨学科"能力，适应大学英语教学。

（1）教学教研有机结合，提升教师自身的科研能力。在大数据时代，教师应该学会充分利用大数据，将教学与研究有机结合，提升自身的科研能力。例如，在利用批改网开展写译教学与训练活动的过程中，不只是给予点评，还要进行不断的反思，利用批改网储存的语料库数据、以学生作品中的精彩与错误为实例，开展教学改革研究，申报相关科研课题。最终实现以教促研、以研促教、教研相长。

（2）英语与其他学科有机融合，提升教师自身的"跨学科"能力。《大学英语教学指南》提出要建设多层次、多元化教学目标体系，以满足学生个性化学习需求。多元教学目标就决定了大学英语不只是一门课程，而是由多门课程的组成。大学英语课程教学内容可分为通用英语、专门用途英语和通识教育类英语三种。以建筑工程技术专业为例，大学英语共开设三个学期，第一二学期总学时120（周学时为4），第三个学期总学时32（周学时为2）。英语基础欠佳的同学第一二学期英语学习通用英语、第三学期学习职场英语；英语基础好的同学第一学期学习通用英语、第二学期学习职场英语、第三学期学习专门用途英语。大学英语教师既要精于通用英语教学，也要善于职场英语教学，还要勇于承担一两门专门用途英语教学。这就意味着大学英语教师要敢于面对跨学科的挑战。要掌握非本专业的他学科专业知识与技能并非易事，着就要求英语教师走进专业课的课堂、利用网络、外出培训等形式进行跨学科的学习，提升自身的"跨学科"能力。

大数据时代高校英语教师树立终身学习意识。在大数据时代，高校英语教师的职能和角色发生了巨大的变化，教师要树立终身学习的意识。高校英语教师要学习互联网时代的语言习惯、生活方式，听懂学生的网络语言，读懂学生所写的文章，了解学生的生活、学习与情感。

（1）信息处理的终身学习意识。高校英语教师要根据不同学生的不同需求，不断地从海量大数据中选取、收集、优选、整合学习材料，借助多媒体通过互联网等现代化媒介，有针对性地推送给学生并指导他们自主学习。这就要求教师树立信息处理的终身学习意识。

（2）教学改革终身学习意识。现在的高校学生有着丰富的英语学习资源，却缺乏英语学习兴趣与科学的学习方法。因此，英语教师要开展教学改革，成为学生英语学习策略和方法的传授者、学习兴趣的激发者、学习计划制定的指导者、自主学习的督促者、合作学习的组织者与协调者、成果评价者。英语教师要不断地更新自身知识结构、提高大数据和信息技术能力，这就要求教师树立教学改革方面的终身学习意识，付诸行动并持之以恒，才能满足大数据时代的需求。

在大数据时代，传统的高校教育教学受到了极大的冲击，社会、用人单位与学生对高校教育教学有了更高的期望，多元化、个性化的高校教学已成为发展的必然趋势。作为高校涉及面最广的公共基础课程，大学英语正经历着一场空前巨大的变革。以往单纯的一元化大学英语课程，现在已变得复杂多元化了：教学目标、内容、模式、评价都呈现出多元化趋势。因此，高校英语教师要转变教育教学理念以适应学生个性化学习的需求；要创新英语教学模式与方法以激发学生的英语学习兴趣；要将个性化教学与小组合作学习相结合以优化英语教学形式；要将通用英语与职场英语加专业英语三者有机结合以实现多元化的教学目标（提高学生的英语通用与职场专用能力）；要提升自己的教研能力和"跨学科"能力以适应大学英语课程的分化转型；要树立终生学习的理念和意识并参加相关培训和研修，从而提高自身教学和科研水平。

第二节　教育大数据下高校英语教师的角色定位

基于教育大数据的阐述，分析大数据对高校英语教学的影响。按照 Berge 的教师角色分类模型，探讨在高校英语教学大数据情境下，教师职业发展中的角色改变。高校英语教师将是大数据英语教学资源的有机整合者，知识的协商者，英语学习网络建立的促进者，学生思维能力、学习策略和信息技术的培训者，又是数据挖掘的合作者。

一、教育大数据的特点与作用

Kolhatkar 提出教育大数据主要包括结构性数据、半结构数据、非结构数据。结构性数据指的是个人数据、成绩数据、学习行为评价数据、奖学金数据、管理机构数据等。半结构数据包括学习资源和网络内容。非结构数据来自课堂视频、课堂音频、网络社交媒体中的音频和视频内容。Daniel 将教育大数据分析模型分为三类：描写性数据模型、预测性数据模型、行动数据模型。描写性数据模型基于教学中的社会交往和互动数据，用来确定学生的入学和毕业率等特点；预测性数据模型可以使教育机构发现数据中的隐含关系，比较准确地预测未来结果；行动数据模型是基于描写性数据模型和预测性数据模型得到的洞见而构建的行动工具，能帮助教育机构准确评估当前教学状况，并基于有效和一致的预测，作出未来行动事件的选择。

基于大数据的四大特征，Banica 提出了教育大数据的特点。大容量指的是教育大数据不局限一所大学的所有学生的数据，而是多个教育机构在信息交流方面进行合作，将学习数据进行集合而形成大数据。速度快指的是越来越多的信息流需要软件和交流设备承载增加的信息，软件能够对其进行快速处理。教育大数据确保教师和学生在教学过程中快速获得这些信息。多样性是指教育大数据技术搜集、分析和处理不同背景的信息。其价值在于教育大数据的分析能够发现教育过程中的各种特点，充分展示各种因素之间可能存在的相关性，产生关于教育理论和教育实践的新观点，改善教育过程，收获高层次的教育水平。

教育大数据技术能够随时跟踪教学情况、实时了解学生的学习情况和特点，实时、准确地处理学生在课程学习中的反馈，确定学习过程中的难点和学生的兴趣点。Barber提出建立多元学习模型对学习进行分析：学习表现模型、元认知模型、互动模型、人口信息模型、交际模型。人口信息模型关于学生的生活环境，比如，来自南方的、农村的，或者大城市的学生，他们所联系的社会群体和生活环境的不同，会影响他们的学习表现，能揭示社会因素对语言学习的影响。

关于大数据将给高校教育、教学活动带来的影响和变化，国内学界进行了一定的研究：大数据促进信息化教学变革，引发新资源观、新教师发展观、新教学观；大数据引发新的教学模式、转变大学教学观念、促进个性化教学。关于大数据对英语教学的影响，将表现为优质教学资源的增加、因材施教、学生的自我学习环境、教师的教学方法、水平和教学评估的改变，大学英语教学应该在教学资源的选择和获取、教和学行为轨迹分析、教学监控和评价角度采取应变。陈庆斌，王海啸研究大数据下大学英语具体课程教学的改革，提出大数据时代大学英语写作教学的改革思路、对策以及教学模式。大数据给大学英语教师职业发展带来挑战以及大学英语教师的自我发展。基于以往学界对于大数据的研究，本节将要探讨高校英语教师在大数据教育情境下的角色转变。教师应该发挥什么样的角色，以适应大数据下高校英语教学的变化，充分利用教育大数据给英语教学带来的优势，提高高校英语教学水平。

二、高校英语教师的角色分析

教师角色是指教师这一特殊社会群体依据社会的客观期望并凭借自己的主观能力，为适应所处环境而表现出来的特定行为方式。教育大数据背景下，教学内容、教学方法和教学环境的改变会促使教师的角色相应发生改变。传统的教师角色是传道、授业、解惑。Tudor主张在传统教学课堂上，教师的两大角色是讲授者和组织者。在计算机辅助英语教学的研究中，Voller提出教师角色为促进者、咨询者和资源提供者。Harmer认为，教师的角色为控制者、评估者、组织者、提示者、参与者和资源提供者。在大数据出现的后信息时代，教师的角色更加多元化。Berge提出了教师角色分类模型，他把教师的角色分为教学性、管理性、社会性和技术性四个维度。

（一）大数据下的教学性角色

1. 学习资源的整合者

在教育大数据背景下，学生能获得丰富的英语学习资源，例如，从网站、微信、英文媒体获取海量的、地道的英语学习材料；国内许多大学都开发和提供了《大学英语》的精品课和慕课，在网易公开课网站上可以获取国内外大学提供的有关"英语写作""英语语音""英语口语""英语语言基础知识""英语语法""英语国家文化"等教学视频。虽然丰富的网络资源使学生拥有无限的英语学习机会，但是，就大学英语这门课程或者某一个具体的学习群体而言，在线课程内容不一定具有系统性和适应性，英语语言输入的难度不一定适合所有的学生。Maurer基于个人经历，回顾了数字技术在教育中的应用，明确提出：对于数字化学习的创新，真正的挑战是根据应用领域、学生和场景的不同找到正确的混合技术，新的创新在于内容的创新，而不是技术的创新。在大学英语课程目标的指导下，教师需要根据学生的需求和现阶段水平，对海量英语学习资源进行评估和选择，提取有针对性的、有价值的内容，然后对学习材料进行有机整合和加工，进而制作为实现特定教学目标的教学内容。与此同时，教师通过教育大数据识别学生的个性化特征，根据教学过程中学生的学习特点、学习需求监控、教学情况评估，不断调整教学内容，提供个性化的教学内容。大数据下的高校英语教学中，作为教学材料的设计和评估者，学习资源的评估和整合，需要教师具有大数据时代的信息应用能力，主要涉及大数据的基础知识、网络学习平台和网络教育技术的应用，能够对大数据的多模态教学资源进行整合，掌握如何挑选和制作需要的教学输入。如：使用各种录屏软件、视频和音频软件制作微课、慕课，使用移动学习平台，网络自主学习平台等。

2. 知识的协商者

丰富的网上资源以及MOOC等课程的设立和开放，学生与教师在知识信息的获取方面具有同样的机会和优势。在大学英语教学过程中，关于语言知识的理解，师生双方需要相互交流、相互启发和补充。《大学英语教学指南》指出，我国大学英语的课程性质兼具工具性和人文性。人文性的核心是以人为本，弘扬人的价值，把社会主义核心价值观有机地融入大学英语教学的内容。在挖掘大学英语课程人文内涵过程中，教师引导学生搜索学习大数据下丰富的相关信息，进行独立思考，教师组织线上或线下小组讨论，促进学生对问题的探讨。学生是学习过程的主体，但是，需要教师引导学生批判思考网络资源中的各种观点，最终形成正确的价值观。英语教师需要充分利用大数据下的信息资源，不断地提高分析能力和认识水平，深刻理解学习材料的人文内涵，才能更好地引导学生进行深入思考。另外，Maurer的研究显示：线上的资源面向较大的受众，不一定适合每个个体，不能提供个性化的解答。对于大学英语教学来说，在线下的课堂教学中，通过和同学的面对面交流和课堂观察，老师将更能直接地发现学生英语学习中的一些特点，对于出现的困难和问题，及时提供个性化的解答和精准辅导。

（二）大数据下的管理性角色

1. 基于大数据的教学决策制定者

面对大数据技术得出的数据结果，高校英语教师通过对数据的解读，从传统的凭借教学经验的印象式判断逐渐转向基于数据的更趋向客观的判断。教育大数据的分析结果给老师提供学生英语学习需求、学习风格、学习特点、学习效果等信息，更重要的是，大数据可以给每个学习个体提供学习能力和学习方法的信息，教师据此设计课程，灵活地采取教学策略，组织有效的教学活动，促进所有学习者的个性发展。例如，对于大学英语听力教学来说，搜集学习平台上学生们听力学习的数据，通过对听力内容、材料回放频率、听力错误搜集、听力成绩的变化、以及听力过程中出现的多个相关因素的分析和观察，更好地挖掘听力过程中各种因素间的关系，发现学生个体的学习特点，做出适合学生个性发展的教学决策。高校英语教师又是学习平台监控指标、调节决策的制定者。网上学习平台提供各种调节性的学习软件，并具有监察、自动调节的功能。在这种智能化的学习监控和调节平台中，教师应该根据英语学科理论、学习理论和教学实践确定监控指标，制定调节决策，并根据大数据反馈实时监控决策实施的效果。例如，在英语议论文的写作教学中，教师基于英语议论文的特点和大学生英语写作中经常出现的现象，在英语写作学习平台上设定有关英语议论文的结构和话语标记语使用的指标，针对特定问题提供相应的范文学习和讲解。平台对学生的文章进行自动评判，并依据指标将有关文章结构和话语标记语使用的信息数据提取出来，针对结果，平台提供相应的范文、讲解或者进一步的练习。

2. 学习数据的评估者

刘润清提出：从大数据的细节里，可以分析出学习者的性格、学习风格、认知倾向、学习策略、动机类型等，也可以分析出教师的教学理念、认知方式、习惯性教学行为、与学生的互动倾向、反馈时的风格、知识面的宽窄、教师的魅力、学生的评价等。高校英语教师需要掌握大数据分析等基础知识，善于利用大数据进行科研，研究大学英语教学过程中各个因素之间的相关关系，例如，英语阅读课中阅读的难点和学习者的学习风格之间的关系。研究大数据下英语教学理论的新特点和新技能，例如，大学英语移动学习的特点和策略，连接主义理论下的大学英语教学模式、大数据下教学方法和英语学习兴趣的关系、课堂教学中如何发挥教师的主导作用、新一代大学生的特点与教学策略之间的关系。虽然大数据的量化分析能使我们从整体上把握事物的相关性，但并不能明确两者之间的因果性。因果关系是要素间相互作用过程与其效应之间的联系。高校英语教师应该全面了解教育大数据和教学过程中各因素间的相关关系，挖掘教学因素间存在的因果关系，探寻英语教学的本质和规律。

（三）大数据下的社会性角色

1. 学习网络建立的促进者

数字技术进行后信息时代，学习的互动空间被极大拓展。英语学习者可以借助移动设备随时随地进入网络社交情境，与网络空间中的其他人员进行语言练习或者语言交际的合作学习。高校教师应该充分借助大数据，建立或提供适合学生英语学习的网络空间交流机会和平台，促进学生英语学习网络的建立和连接，例如，建立线上的班级英语学习社区、进入大学英语相关网络课程的讨论群、与国内外其他高校的英语学习者合作学习。联通主义学习理论认为：知识存在于连接中，学习即连接建立和网络形成，与特定的节点和信息资源建立连接。教师可以开设英语教学微博和公众号，成为学生英语学习网络中的一个重要节点。

2. 互动合作学习的协助者

社会认知理论认为，人类所有的高级发展都是以社会作为媒介的。教师减少了发动机和课程机器的角色，而是一个社会环境组织者的角色。大学英语教学的工具性和人文性目标都决定着英语学习应该以合作互动的方式进行。英语是学习网络空间中合作互动学习的工具，又是学习的内容，学生探讨英语语音、语法、写作、语言与文化等方面的议题。在学术英语方面，国外著名大学开发了几百门多领域、多学科的在线课程。学生除了通过学习这类公开课来提高学术英语水平，还可以进入公开课的讨论群，与国外的学习者交流相关专业领域方面的问题。教师应该采取有效策略组织学生在网络空间进行合作学习。通过教师间的交流合作，组织不同学习社区的学生之间进行互动学习；发展和运用社会交互技术，建立良好的合作学习氛围；进行网络空间的小组分组，确定合作学习的方式和程序；掌握鼓励学生进行讨论的策略，识别能够有效激发学生进行合作学习的项目或话题等。

（四）大数据下的技术性角色

1. 思维能力的培训者

Cohen指出教师作为培训者涵盖了以下角色：诊断者、教导者、监督者，教师作为培训者的角色经常受到学生的推举和欢迎。在大数据的学习情境下，学生面临着海量信息，一味被动地接受知识，只会最终被信息所淹没。大量的信息来源混杂，产生的动机与背景不明，因此，需要用户有更强的甄别能力、分析能力、选择能力和综合能力，需要运用批判性的思维方式分析各种信息，并获得创新性的观点。大学英语学习过程中同样会遇到类似的情况，针对一项语言知识、一个问题或者一种语言学习现象，在网络空间中会出现各种各样的观点，这就需要学生掌握判断、分析和评价信息的方法。网上讨论主要是信息的分享和比较，缺少各种思想和观点间的碰撞，学生缺少高级思维能力和问题解决技能的训练。因此，批判性思维能力和创新性思维能力的培养是大学英语教学中教师与学生进行面对面教学的重点。

2. 信息技术和学习策略的指导者

高校英语教师指导学生掌握网络使用技术、信息获取的方法和各种英语自主学习策略。广阔的网络空间情境不同于面对面的交际情境，学习社区的参与者具有多样化的文化背景、学习背景、学习动机和特点。语言学习的交际互动将会面对各种各样的问题，例如，来自不同文化背景的学习者之间的交流会出现文化冲突和误解，处在不同语言水平的学习者或者具有不同学习动机的学习者之间的交流会出现交际不顺畅，从而不能实现有效的语言互动效果。高校英语教师应该研究网络空间交际的特点，示范和引导学生如何进行互动，发现学生的互动特点，指导学生运用适当的交际策略，以完成不同交际情境下的交际目的。

3. 教育数据挖掘的合作者

大数据在教育领域的运用，跨学科的协作很重要。大数据分析工具能在异质数据中找到规律，呈现清晰的、图式化的数据结果，提供关于教学实践和学习行为的一些新的洞见。在大学英语教育数据的挖掘中，数据挖掘和分析人员需要确定有哪些因素或变量会影响教学效果、学生的学习表现。教师应该基于专业理论知识、教育观察和实践，确定分析工具中不同的因变量，为数据分析人员提供参考，以构建完善的数据分析模型。例如，针对学生大学英语学习表现的预测和监控，教师可能会提出学生的生源情况、专业背景、学习动机、学习风格、学习内容、网络学习时间、合作互动学习的积极度等变量。

"语言运用和语言研究同信息大数据的建立有着天然的联系，因为信息的数据有很大一部分就是用语言表达的。"教育大数据将给高校英语教学的发展带来机遇和挑战，使教学内容多元化、教学环境和教学形式多样化，教学评价全面和实时进行。高校英语教师的角色也要相应地发生变化，才能更好地实现大学英语教学目标。高校英语教师是大数据教学资源的有机整合者，知识的协商者，促进学习网络建立，互动合作学习的组织者，学生思维能力、信息技术和学习策略的培训者，数据挖掘的合作者、基于大数据的决策制定者。笔者基于教育大数据技术的特点和作用，对高校英语教师的角色定位进行了初步分析，希望对教师的发展有一定的借鉴和参考作用。随着教育大数据技术对高校英语教学影响的不断深入，关于教师角色的科研可以在以下几个方面进行。第一，在具体的教学实践中，针对不同的教学阶段、不同层次的大学生以及处于不同职业发展阶段的英语教师等因素，深入分析和思考教师的角色表现；第二，大数据下角色定位的实证研究。采取访谈、教学观察、教学实验等行动研究的方法，对大数据下高校英语教师的角色进行实证性探索，以更好地指导英语教学和引导教师的专业发展。

第三节　大数据时代高校青年英语教师的自我效能感

大数据时代带来了全新的思维方式和行为方式，现代信息技术和高校英语教学改革深度融合不可阻挡，传统教学模式、师生关系、教学组织面临新的挑战，呼唤高校青年英语教师紧跟时代步伐，树立新的教育观、教学观、学生观。大数据时代对高校青年英语教师自我效能感产生了重要影响，提升高校青年英语教师自我效能感，必须做到：构建网络学习共同体，共同愿景促进专业发展；提升数据智慧应用力，数据思维更新教学理念；掌握信息技术运用力，网络素养创新教学方法；提高文献检索研究力，科研能力增强专业认同。

美国著名心理学家班杜拉认为，自我效能感"是个体对自己具有组织和执行达到特定成就能力的信念"。自我效能感是个体对自我认知的核心因素，作为一种可发展性指标和主观判断，它是个体行动的重要前提。高校青年英语教师自我效能感是高校青年英语教师对自我教学能力和教学信心的判断，反映其在专业发展中的主观体验，制约其在教育教学中的积极性、主动性和创造性，影响其在职业生涯中的归属感、认同感和幸福感，直接影响青年教师的专业发展。在大数据时代，现代信息技术和高校英语教学改革深度融合，网络课堂争奇斗艳、泛在学习备受青睐、智慧教学闪亮登场，传统课堂教学模式被颠覆、师生关系被解构、教学组织被重构，强烈呼唤高校青年英语教师顺势而为，树立新的教育观、教学观、学生观。与此同时，在大数据时代，人们的思维方式、工作方式和信息获取方式也在发生潜移默化的改变，这对高校青年英语教师自我效能感产生了影响。因此，高校青年英语教师在大数据时代要把握英语教育信息化、现代化的发展脉搏，提升数据智慧、树立数据思维，不断地增强自我效能感，促进自身职业发展。

一、大数据时代对高校青年英语教师自我效能感的影响

（一）对教学模式产生影响

大数据时代，数据种类繁多、容量庞大、速度超快、价值较高，每个人既是数据的使用者，也是数据的生产者，人人都可以通过网络发布信息，所有的一切均可称为数据。大数据时代，人们可以随时随地记录、分享和学习，带来全新的时空概念，重塑全新的思维方式和行为方式。对高校英语教学而言，大数据的发展催生了翻转课堂、网络课堂、智慧课堂、微课堂、MOOC等新型教学模式，也为高校英语教学模式改革指明了方向。英语学习的目的在于提高学生的英语语言能力，使学生学以致用、学会学习、热爱学习、终身学习，英语教学的关键是教师成为学生自主学习的协助者、学习资源的挖掘者和整合者、

跨文化交流的传播者。传统单向教学无法激活学生的英语学习兴趣因子，单一的纸质化教学资源也不能满足教和学的现实需求。这种方式会使学生的听、说、读、写、译能力欠缺，与就业岗位需求脱节，学生学习易产生焦虑感、厌学感，教师教学易产生倦怠感、困惑感。在大数据时代，高校英语青年教师要深入研究学生学习特点和教学模式，充分利用现代信息技术创新教学模式，积极构建移动课堂、翻转课堂、微课堂，为学生提供个性化的学习资源、学习方式、学习时间。因此，高校青年英语教师要更加注重因材施教、因时而进，考虑学生的认知差异、兴趣爱好和接受特点，利用网络平台以满足学生的个性化学习需求，实现教学的个性化和智能化。

（二）对专业发展产生影响

高校青年英语教师是高校教师群体的重要组成部分，其专业发展既具有普遍性、一般性，又具有高校英语教师的特殊性。关注高校青年英语教师专业发展是高校英语教师队伍建设的重要内容，同时也是提高高等教育质量、建设高校英语"金课"的重要保证。就高校青年英语教师专业发展而言，它是一个螺旋式、渐进式的成长过程。青年英语教师从高校毕业到走上讲台、从教学"青椒"到学术"明星"，不仅需要时间的积累和质的飞跃，还需要终身学习、勇于创新、勤于实践、久久为功，以此走上职业化、专业化、专家化的道路。高校青年英语教师专业发展要经过三个阶段：存活阶段、巩固阶段、提高发展阶段。在大数据时代，高校青年英语教师是高校英语"金课"建设的设计者与创造者，要运用大数据思维、互联网思维对英语教学内容、教学任务、教学方式方法进行创新和设计，而不只是仅仅局限于简单的课堂教学。在高校青年英语教师专业发展中，无论是"单兵作战""自我封闭"还是"教研室合作""师徒式合作"，都不能适应高校英语教学改革对现代信息技术的需要。纵然高校青年英语教师大多接受过岗前培训、专题研修、集体备课等，但现实问题是很多高校青年英语教师在学科归属和身份归属上出现虚化、边缘化的尴尬状态，导致他们的专业认同感弱化。在大数据时代，高校青年英语教师需改变观念和思维方式，强化专业发展意识，只有注重团队学习、掌握网络技能、善于吸纳知识、更新教育理念、不断地自我超越，才能解决组织形式松散、内在结构性冲突、自我"不愿"发展、自我"无须"发展、自我"不能"发展的现实问题。

二、大数据时代高校青年英语教师自我效能感的提升路径

（一）构建网络学习共同体，共同愿景促进专业发展

加拿大当代著名教育家迈克尔·富兰认为："教师对待变革的能力能帮助学生从变革中学习，教师对未来社会的发展是至关重要的，但教师们现在还不能够充当这种重要的角

色。"随着大数据时代的到来,高校青年英语教师面临着教学方法、教学模式、教学内容、自我专业发展等诸多挑战,要想获得专业发展,必须把握时代脉搏、运用网络平台、提升专业素养和专业能力,在适应中转变、在学习中成长。大数据时代也是学习型时代,高校青年英语教师的专业发展如果只是简单地注重知识和技能的积累,那将是传统思维的成长,而不是真正意义上的专业发展。高校青年英语教师在学生泛在学习的需求下,要提供集成化、个性化、定制化、社交化的英语教学服务,需注重教师自身的终身学习和全面发展,否则就会出现"本领恐慌"。在大数据时代,高校青年英语教师可以充分利用数据资源,在校内或校级间寻找志同道合、拥有共同愿景、有着共同学习诉求的同伴同行,依托信息技术提供的平台,组建网络学习共同体,开展自助式、协作式学习,充分利用慕课、课程管理系统、学习元等在线学习平台,打造"线上线下""课上课下"协同配合的网络学习共同体,营造网络学习协作环境,实现人与人、人与技术、人与教育的多向交流循环,促使个人走出自身的"舒适圈""安乐窝",通过与他人的交流思想、交换观念,达成专业发展共同愿景。高校青年英语教师可以通过建立网络学习共同体、制定共同愿景、开展共享性领导、提升学习技能、进行协作式学习等方式,通过共同体成员之间的相互理解和相互协助分享教育教学心得,提升共同体成员的专业知识、专业素质、专业情感、信息素养和学习能力,在开放、信任、支持的协作学习环境中促进每个成员的专业发展,最终使高校青年英语教师成为智慧型教师、创新型教师、专家型教师。

(二)提升数据智慧应用力,数据思维更新教学理念

"数据是客观社会的一种表征方式,主要指向'客观事实',是对某件事物的描述,可以记录、分析和重组。"互联网的广泛传播、数字化手段的升级换代和数字经济的迅速发展,引起了人们对数据的浓厚兴趣和高度重视,大数据已成为信息时代的主角,发挥着不可替代的作用。"大数据不只意味着体量的大小,同时意味着研究方法更倾向于利用新的多种类型的数据获取信息,以数据进行研究,并做出决策。"就高校英语教育教学而言,大数据在英语课堂的应用日益普遍,数据范围日益广泛。同时,我们也应看到,数据不会自动生成教育目标,不会自发地提高教学质量,因为教育的本质是人的活动,数据及使用数据的技术无法替代人的感觉、判断和选择。将大数据应用于高校英语教学的听、说、读、写、译等方面,更加需要高校青年英语教师树立数据思维、提升数据智慧。数据智慧由"数据"和"智慧"两方面构成,最早是由国外学者 Ackoff 进行研究的。数据智慧不是数据技术、操作平台,也不是数字技术,数据智慧关注的是数据,研究的基本问题是如何关注数据、关注什么数据。教师的数据智慧是教师在分析问题、解决问题的过程中基于数据但又超越数据的思想观念、思维方式、问题意识,是教师教育智慧的重要组成部分。高校英语"金课"建设,对青年英语教师使用大数据的能力比以往任何时候提出了更高的要求,对智慧

课堂、翻转课堂、在线课堂的建设比以往任何时候提出了更高的期待。青年英语教师在教学上应主动研究学生、围绕学生、服务学生，善于发现大数据、使用大数据，学会利用数据、分析数据，依据数据研判学生学情、改进教学方法、进行教学决策、评价教学效果，形成自身的数据智慧。高校青年英语教师的数据智慧是推动英语"金课"建设数据化、智慧化的重要因素，英语课堂教学蕴含着丰富的教育数据，而教师的数据智慧就是在基于数据、分析数据、总结数据的决策过程中形成和发展的。因此，教师要关注英语课堂教学，提升数据智慧，以数据思维更新教学理念、改进教学方式。与此同时，高校要注重培养教师的数据觉察意识、数据决策意识、数据挖掘技术的应用能力，组建教师数据团队，做到教学设计数据化、教学评价科学化、学生学习个性化、教师成长智慧化。

（三）掌握信息技术运用力，网络素养创新教学方法

在大数据时代，现代信息技术具有集成性、交互性、开放性和智能性的时代特征，这是推动高校英语教育教学改革的重要力量。教育信息化变革势如破竹，并不可阻挡地改变着高校英语的教学形态。在这样的大背景下，高校青年英语教师不仅要具备传统的职业素养，还要掌握一定的信息技术能力，主要包括获取英语教学资源、丰富英语教学内容、革新英语教学设计、组织网络英语教学活动、改进英语教学评价活动以及运用网络平台自我学习的能力，通过现代信息技术和英语教育教学的深度融合、互联互通，达到智慧教、智慧学、智慧育、智慧评的目标。高校青年英语教师要充分利用信息技术手段创新教学方法，利用大数据分析系统了解学生的学习兴趣、学习方式、学习习惯、接受能力和情感态度，从高校英语的听、说、读、写、译各个教学环节，课堂教学、网络教学和实践教学的各个教学领域，从"供给侧"和"需求侧"等角度入手，研究教师"教什么""怎么教""谁来教"和学生"学什么""怎么学""和谁学"。教师要通过个性化、定制化的网络学习平台，激发学生自主网络学习潜能，帮助学生掌握英语学习策略和学习方法，以促使学生在自我激励、自我评价中愉快学习、自主学习和合作学习，增强他们"愿学""能学""会学"的学习动机、学习意志和学习行为。教师应利用大数据的数据挖掘技术搜索、挖掘、整合和分享英语教学资源。大数据时代网络资源丰富且庞杂，选择什么样的教学资源、怎样获取教学资源、如何呈现教学资源，这些都是高校青年英语教师要面对和思考的问题。建设高校英语"金课"，英语教学资源至关重要，关系到课堂教学的价值取向、目标实现和质量生成。高校青年英语教师要运用信息技术，做教学资源的发掘者、筛选者和应用者，在教学资源数据采集、数据分析、数据存储、教学管理等方面进行有效分析、严格把关、加工利用、下载共享，在为学生提供有价值、有个性的学习资源的同时，也为自身教学积累丰富的教学素材。高校青年英语教师还要学会利用大数据的软件技术进行网络日志撰写和发布、微视频制作、微课堂直播、微电影剪辑和拍摄、PPT制作等，从而在海量的资源

中做到为己所用，丰富教学内容，创新教学方法。

（四）提高文献检索研究力，科研能力增强专业认同

在大数据时代，文献检索是高校青年英语教师练就过硬本领必须掌握的一项基本技能。文献检索和科学研究密切相关，文献检索能力既是大数据时代高校青年英语教师运用现代信息技术能力的反映，同时也是其从事科研活动、提升科研能力的必备条件。在大数据时代，信息资源日益丰富、种类多样，高校青年英语教师在教学活动开展、自身专业发展中对信息和文献的检索与利用越来越广泛、越来越迫切，比如，微课展示、PPT制作、论文撰写、项目申报等都需要查找文献、收集文献、分析文献、综述文献，可以说，文献检索是科学研究的重要保证。文献检索是指借助一定的方式、手段，在数据库或检索系统获取文献的过程。大数据时代高校青年英语教师要提高文献检索能力，通过文献检索挖掘和整合英语教育教学资源，并对教育教学资源分类、收藏和利用，比如，通过主题检索、关键词检索、来源期刊检索、作者检索等文献检索方法，获取英语语料库、英文文献、研究热点、学术动态等，通过文献检索了解英语教育研究前沿、培养科研兴趣、提升科研能力、培育科研创新点，为从事科学研究营造便利的条件。科学研究对于高校青年英语教师专业发展至关重要，这是由高校的性质和职能决定的。进行科学研究是高校的职能之一，也是高校教师的重要职责之一。同时，开展科学研究更是高校青年英语教师专业发展的内在要求。高校青年英语教师要紧跟大数据时代的步伐，用大数据思维查找文献、管理文献、使用文献，在科研项目申报、科研论文撰写、教研实践开展等方面应用文献检索，在文献检索中不断激发科研兴趣、确定科研方向、收集研究资料、进行科研攻关、培养创新意识和科研能力。高校青年英语教师的发展不能仅仅停留在教学能力的提升上，更要重视科研能力的提升，在教育教学中要把科研兴趣、科研意识转化为持续性的科研行动，以研究过程和研究成果促进专业发展、增强专业认同。

第四节　大数据时代大学英语教师的自主发展

大数据时代对大学生英语学习资源、学习方法和学习氛围方面都产生了一定的影响，在这种现实条件下，大学英语教师的教学观念、教学方法和教学模式都应该进行相应的调整与优化，从而更好地适应时代的发展。因此，高校英语教师要根据当下的教育特征和未来的教育形势，明确大数据时代对自己教学能力的要求，不断地学习和完善自己，规划好自主发展方向。

一、大数据时代对大学英语教师的能力要求

大数据时代，英语学习的资源极其丰富，应运而生的慕课让学习的方法和途径因人而异并呈现出多样化的特点。教师不再单纯地为学生解释单词、句法，而要深入地了解学生的水平及需求，创造更多激发学生学习兴趣的机会，引导学生深入挖掘海量、有价值的语料，指导他们进行个性化的学习，明显地提高他们的英语综合应用能力。

二、大数据时代大学英语教师的自主发展路径

（一）整合出自己的英语教学素材库

大数据时代，英语学习的特点是英语学习资料非常丰富。但是，教学资源的质量良莠不齐，学生在学习和甄选的过程中，由于自身的英语功底比较薄，很难选出权威的英语学习资料。好的英语学习资料，能够让学生在英语学习途中事半功倍；不好的英语学习资料，会影响学生的学习进度和学习质量。鉴于此，大学英语教师要对互联网上的英语教学资源进行分析和研究，筛选出适合大学生进行英语学习的英语资源。经过教师把关的英语学习资源，能够为学生的互联网英语学习提供教学质量方面的保障。

在教师整合自己的英语教学素材库时，教师要注意以下几个方面：第一，英语教学素材库的内容要非常丰富。大数据时代，网络资源特别丰富，如果教师的教学素材比较单一，就无法吸引学生的注意力，也会引起学生对教师教学权威性的质疑。教师在整合教学资源时，既要突出自己的风格，又要照顾到学生的感受。第二，英语教学素材库要根据英语学习模块进行分类。教学资源是为学生学习服务的，英语学习尽管搬到了互联网虚拟空间上，但是英语学习的各个模块还存在，学生需要由浅入深地学习。教师可以根据单词、词组、语法、阅读、听力、写作、翻译、口语交际等来进行学习资源的分类。学生可以对照这些项目查缺补漏，并且运用这里面相关的资源来进行自学。第三，英语教学素材库要根据英语学习方法进行分类。不同的学生有不同的学习方法，有的学生习惯传统的教学模式，有些学生在探究过程中的学习效率最大。教师要根据不同的学习方式来安置相关的教学资源，并且对这些学习方式的特点以及使用群体进行简要说明，从而提高学生与学习方法的匹配度。第四，英语教学素材库要根据英语的实用功能进行分类。教师的英语学习资源库，对学生来说就是葵花宝典和百科全书。教师要根据使用功能来分类，当学生在学习中遇到问题时，可以直接在教师的素材库中进行检索，这样检索出来的答案一定比百度更具有权威性。

（二）研究大学生的英语学习心理

大学生学习英语的动机不同，学生的学习热情也就大不一样。学生可以任性，但是教

师必须理性。从我国的发展来看,"一带一路"经济战略下,中外贸易增加,中国的国际化程度增强,这对国民的英语水平有一定的要求。当代大学生作为祖国明天的建设者,会分布在各个领域当中,没有一定的英语运用能力,很难在工作中快速成长起来。因此,大学英语教师要运用科学的方法,来有效地提升学生学习英语的兴趣。

在研究大学生英语学习心理方面,教师可以从以下几个方面着手,并且做到对症下药。第一,对于具有很高英语学习热情的学生,教师要对其学习方法策略进行指导。这样能够保证学生在英语学习过程中一路畅通,从而有效避免学生学习兴趣降低。第二,对于被动学习英语的学生,教师要提升其英语学习效率,从而提高其英语学习信心。当学生有了自信,就能够提高对英语学习的热情。第三,对于不愿意学习英语的学生,教师要通过提高英语教学资源的趣味性来吸引学生进行英语学习。这就需要教师对学生的兴趣进行调研,然后将英语学习植入学生固有的兴趣当中。这项工作可以通过网络调研的方式来进行信息汇总和统计。

(三)创建学生英语学习个性化档案

大数据时代,学生学习英语的自主时间增多了,这就为个性化教学提供了必要的时间保障。学生自学习活动增加,意味着教师有足够的时间和精力来对学生的学习进行个性化的辅导。英语本是一门工具性的语言,学生将来从事的工作不同,学生自己的职业规划不同,其涉足的领域不同,需要的英语技能也不同。因此,大学英语教师要创建学生学习英语的个性化档案,辅助学生制定学习计划,在计划的实施过程中,根据学生的需要不断调整和优化学习计划,这样就能够让学生在大学期间,切实提升自己的英语应用能力。

在创建大学生英语学习个性化档案的过程中,教师要注意以下三个方面的问题:第一,英语学习个性化档案要每生一份。建立学生学习档案能够让教师对学生的学习情况进行追踪,同时,也能够让学生感受到大数据时代虽然学习的自由度增加了,但是教师依然在监理学生学习,从而有效避免学生自由散漫。第二,教师对学生的学习档案要进行实时检查,决不能流于形式。大学教师的学生非常多,学习档案的数量也会非常大,对此教师会更加辛苦。为此,教师要提升自己的计算机应用能力,利用编程技能编出适合自己使用的教学应用软件。第三,教师要根据学生学习计划的差异来组织小组学习,让具有相同或者相似学习计划的学生进行团队学习,有利于学生交流和学习。此外,教师也可以通过检查团队学习档案来了解学生学习情况,从而减少工作量。

(四)运用自媒体构建师生互动平台

大数据时代,学生的自主学习活动比重增大,意味着教师与学生之间的课堂沟通较少;学生个性化学习倾向增加,就意味着教师对学生的学习程度和学习质量的了解程度增加。

在这种情况下，教师要充分地利用自媒体与学生进行沟通互动，从而了解学生的学习进展，以便于给学生进行更加深入和具体的学习指导。

在运用自媒体构建师生互动平台方面，教师要赋予微博、微信和QQ不同的使用功能。第一，微博是教师作为传播英语学习资源和信息的平台，是教师分享英语学习经验的平台。微博上发布的信息具有广泛的学习意义，能够满足大多数学生的搜索学习资源信息和学习专业英语知识的需要。第二，微信是教师与学生进行亲密互动的社交软件，在微信上，教师和每个学生都是好友，教师可以根据学生的学习情况，给予直接的帮助和指导。教师和学生可以通过微信语音功能进行英语知识的探讨。大学教师的学生群体庞大，教师要关注学生在朋友圈提出的问题。所以，微信中一定要保证教师和学生之间是好友，一定要避免同学之间是微信好友。这样可以避免学生之间在朋友圈互相评论而产生的提醒信息给教师的工作带来影响。第三，QQ是以班级为单位或者以英语学习小组为单位的社交场所，教师可以根据班级的英语学习状况或者英语小组的学习进展来布置学习任务，并进行相关的通知等活动。教师可以通过群文件的方式来对学生群体传送学习资源。

（五）引导学生学习专业外语

关于专业外语教学活动一直是各大高校研究的重点，现在来看，专业外语课程一般是由各个专业的教师进行执教的。大数据时代，大学英语教师也要通过自身的专业英语学习知识和丰富的英语教研经验来助力学生专业外语的学习。

在引导学生进行专业外语学习方面，教师要从以下四个方面着手：第一，教师要对所教学生的专业背景进行了解，这样可以有针对性地收集整合相关的专业外语学习资源；第二，教师要与相关专业的教师进行及时的沟通和交流，了解学生在运用专业外语时的侧重点，从而有的放矢地进行学习指导；第三，教师要把专业外语的相关翻译素材呈现给学生，这样可以让学生了解自己的差距；第四，教师要联系相关的翻译工作，这样可以通过具体的翻译工作来提升学生的专业英语能力，同时还能够增加学生的收入。这样可以激发学生的学习动力，培养学生建立自己的专业外语学习信心。

综上所述，高校英语教师要准确地把握大数据时代英语教学的特点，根据教育方式的改变调整自己的教学发展方向。大数据的到来给传统英语教学带来了冲击，传统教学在大数据的影响下会进行突破，从而提升英语教学效果。大数据对英语教学的影响是持久而有力的，随着数据库容量的增大和数据的实时更新，英语学习方面将会不断发生变化。因此，大学英语教师要树立终身学习的理念，与此同时，要提升自己的教学教研能力，从而更好地适应时代的变化。大学英语教师需要在不断地学习和研究中，生产出适合大数据时代学生学习的英语教学产品。

第五节　新媒体时代高校英语教师的队伍建设

英语教学是一项集听、说、读、写于一体的语言式学习，传统的教学方式已无法满足学生对于英语多样化的学习需求，而在新媒体时代，依托现代化的英语教学工具和网络大数据资源，能够有效地满足学生们多样化的学习需求。本节首先从新媒体时代的内涵与特点两方面对新媒体时代进行相关的概述，进而指出在新媒体下高校英语教师队伍中存在的问题，最后就存在的问题提出相应的对策建议。

一、有关新媒体时代的概述

新媒体时代内涵。新媒体时代是由传统媒体时代发展而来的一种新媒体形态，它依托先进的互联网设备以及网络通信工具、传播工具等对信息进行传递。与传统媒体相比，其途径以及传递方式更具多样性，也更加便捷与迅速。随着科技以及互联网技术的进一步发展，新媒体逐渐在高校的英语教学领域得以广泛应用，因此，新媒体时代下多样化的教学工具的引进能够有效地提高英语教学的效率以及教学水平。

新媒时代的特点如下：

（1）新技术。新媒体伴随着科技以及互联网的发展逐渐演变而来，其在科技不断发展的背景下也涌现了众多新兴的技术以及先进的科技设备，例如，多媒体教学设备、数字电视以及智能手机等都是新媒体时代下的产物；此外，电子邮箱以及各种多样化的社交平台软件等也都是新媒体时代下的产物。

（2）新模式。传统媒体时代信息的传播往往是单向的，且主要以"一对多"的方式进行，而在新媒体时代下，多样化的网络信息平台、社交网络的兴起等改变了传统的"一对多"的传播模式，使信息的传播方式不仅实现了"多对多"，同时还能够实现信息之间的双向传递以及即时传递等。

（3）新理念。新媒体时代下的信息传播更加自由、灵活、便利，加之各种社交媒体软件的兴起，使人们的自由意志得到了充分的抒发；各种新兴的理念以及话语开始在网络中得以迅速传播，影响着人们的行为方式与生活方式，对人们的价值理念也有着较大的冲击。

高校教育在新媒体时代下的变化如下：

（1）积极影响。学生能够通过新媒体所提供的各种高科技软件以及便捷的互联网设施等查阅相关的课程知识，与此同时，在高校英语的学习中，学生还可利用新媒体提供的先进设备进行听、读训练，纠正自己的英语发音与听力盲区。

（2）消极影响。由于互联网的高速发展以及新媒体设备的更新发展，各种游戏软件逐渐被开发运用，大学生由于刚刚脱离父母的束缚，因此，在这种不加约束的环境中很可能沉迷于网络无法自拔；此外，还有的学生对于社交聊天软件沉迷不已，不能自拔；新媒体时代下，信息传播速度之快使得许多信息不加甄别就开始传递，在这样的情况下，网络中充斥着许多暴力以及色情信息，这些信息毒害了学生们的身心健康。

二、新媒体时代高校英语教师队伍建设存在的问题

教师英语教学的专业素养问题。新媒体时代的到来使得许多传统的英语教学观念以及教学方式由于不适应新时代的发展而逐渐被淘汰，在这样的背景下，同样要求教师的相关教育理念以及教学方式顺应时代的变化而逐渐作出相应的改变。但就目前高校的英语教学情况而言，有相当一部分高校教师的教学观念陈旧，不能跟随时代的变化而变化，在英语教学中一直沿用传统的教学方法，采用"填鸭式"的课堂授课模式对学生进行教学；有的老教师受传统教育观念的影响，不愿对新媒体时代下的教学方式作出改变，仍在课堂中采用板书以及"中式英语口语"的方式对学生进行英语教学，使学生的英语学习质量大打折扣；许多教师由于生计需要以及一些教师在"拜金思想"的驱使下把大多数的精力放在了社会兼职上，导致其对本职工作的怠慢。此外，高校教师科研能力的缺乏以及思想怠惰等都是高校英语教师缺乏专业素养的不良表现。

高校英语教师队伍构成。随着高等教育普及化以及大众化，大多数的高校都实行扩招，在此背景下，高校的教师由于不能满足学生的需求也逐渐面向社会进行扩招，在短时间内的大量扩招使得高校的教师队伍构成普遍趋于年轻化，同时高校教师的学历由于扩招的需求较大也适当放宽了要求，导致高校英语教师学历普遍偏低。许多没有经验的青年教师不加培训就走上工作岗位，能力和经验缺乏造成教学质量偏低，使得学生的英语学习质量受到不同程度的影响；再加上近几年高校退休教师增多，高校英语教师的教师构成比例严重失衡，从而导致高校英语教学质量大打折扣。

高校英语教师人才流失问题。高校英语教师人才流失问题也是近几年高校教师队伍中面临的较为突出的问题之一，尤其是刚刚改革开放的那几年，许多教师在政策以及经济的诱惑下下海经商；近几年，受社会上"拜金"主义思潮的影响，许多高校教师开始不满于自己一月几千元的工资水平，开始向"钱"看齐，无心科研，经常以社会上盈利的副业为主，而将教学置于末位，有的教师在被高校多次警告无果后毅然选择辞职，这种情况在当前的高校内很常见，尤其是西部高校，对于人才的吸引力不足，人才流失现象也相当严重，这一状况使得高校的英语教学队伍质量很难有质的提升。

三、新媒体时代高校英语教师队伍建设的对策

加强教师的教学培训，努力提高他们的专业教学素养。要想在新媒体时代下提高高校的英语教学质量以及教学水平，就要对高校教师进行一定的教育培训，使他们了解时代的变化，紧追时代的步伐，不断改进教法，以满足新媒体时代下高校对英语教师的教学要求；要提高教师英语教学的专业素养，使他们在培训中能够不断地提高自己的英语知识水平以及教学能力，形成一套完整的英语教学体系；此外，在对教师进行教学培训时还要注重加强德育素质的培养，提高教师的德育水平。

多方面加强人才引进。人才是高校进一步发展进步的动力，为此，高校要面向社会广泛招纳人才，补充和加强师资力量，在面向社会招聘时不要被专业所限制，而是要广泛撒网，例如，许多留学归来的"海归"，虽然不一定是英语专业毕业，但可能其英语口语以及听力、写作水平比科班出身的教职人员更加专业，他们的经历也相对丰富，能够在课堂教学中引入一定的案例教学，有效激发学生的学习兴趣，尤其是在新媒体时代，这些"海归"人员更能适应环境的变化，依据不同的教学需求作出及时的改变，使英语教学能够不断向纵深方向发展。

加强对高校英语教师的新媒体技能的培训。新媒时代下高校在英语课堂中也引进了较多先进的教学设备，只有使这些教学设备在高校英语课堂充分利用起来才能真正发挥其应有的作用，但是由于高校英语教师多是文科出身，对这些先进的机器设备不具备相关的操作技巧，因此很难熟练应用，尤其是高校内有一些即将退休的老教师，他们对新鲜事物的接受程度较慢。为此，需要对其进行相关的新媒体设备操作技能的培训，使他们具备新媒体设备的操作应用能力，能够在教学中顺利开展新媒体教学。

高校管理机制的完善。高校在鼓励英语教师进行新媒体教学时，要采用相应的管理方法来使高校教师主动在课堂中运用新媒体设备以及新媒体时代背景下的教学方法进行英语教学。举例来说，高校可以运用正激励的方式鼓励高校英语教师进行新媒体教学，即通过一定的奖金、职称评审计分等方式来鼓励高校教师进行新媒体的英语教学。

政府财政投入的加强。在当前的时代背景下，政府对高校进行新媒体教学的鼓励和支持也必不可少，尤其是进行一定的资金财务上的支持与投入，可以极大地提高高校英语教学的质量。首先，政府的投入能够使高校有资金购进先进的新媒体教学设备，满足新媒体教学的硬件物质要求；其次，政府对高校的资金投入与支持还表现在对高校教师工资的提升方面，通过政府对教师工资的支持与投入，可以使高校教师能够安心本职工作，不断地提高教师的教学质量。

参考文献

[1] 张学新. 对分课堂：大学课堂教学改革的新探索 [J]. 复旦教育论坛，2014，12（5）：5-10.

[2] 汪军，严晓球. 近十年来国内大学英语大班教学研究综述 [J]. 教育学术月刊，2011，（11）.

[3] 杨淑萍，王德伟，张丽杰. 对分课堂教学模式及其师生角色分析 [J]. 辽宁师范大学学报（社会科学版），2015，（9）.

[4] 张博雅. 对分课堂：大学英语课堂教学改革的新思路 [J]. 科学与财富，2015，（12）：803.

[5] 柴霞. 基于"对分课堂"的大学英语教学实践与反思 [J]. 曲阜师范大学公共外语教学部，2016，（6）.

[6] 谷陟云. 罗杰斯的人本主义教育观及其启示 [J]. 现代教育科学，2009，（10）.

[7] 陈爱梅. 人本主义学习理论及对外语教学的启示 [J]. 辽宁师范大学学报，2003，（3）.

[8] 王健芳. 外语教学改革与实践 [M]. 南京：南京大学出版社，2016.

[9] 孙立伟. 对数字化教学资源建设的思考 [J]. 新西部，2007，（12）.

[10] 杜振华. 英语资源服务器及网络语音室的安全管理与实践 [J]. 中国科教创新导刊，2008，（1）.

[11] 李建萍. 分级教学背景下大学生英语词汇学习策略的调查和分析 [J]. 黄山学院学报，2009（8）：99.

[12] 汤闻励. 非英语专业大学生英语学习"动机缺失"研究分析 [J]. 外语研究，2012（1）：70-75.

[13] 李艳，韩文静. 孔子因材施教的教育思想简述 [J]. 吉林教育学院学报，2008（4）：39.

[14] 刘英爽. 国际化背景下大学英语跨文化教育的瓶颈和转型趋势 [J]. 教育评论，2016（7）：115-117.

[15] 王汉英，胡艳红，徐锦芬. 美国康奈尔大学外语教学观察与思考 [J]. 教育评论，

2015（7）：165.

[16] 秦秀白，张凤春．综合教程 3：学生用书 [M]．上海：上海外语教育出版社，2014．

[17] 王允庆，孙宏安．高效提问 [M]．高等教育出版社，2016．

[18] 赵周，李真，丘恩华．提问力 [M]．北京：电子工业出版社，2018．

[19] 陈帅．大学英语修辞教学探析 [J]．湖北经济学院学报，2013（9）：203-205．

[20] 王涛．大学英语教学中英语修辞格的赏析 [J]．英语广场，2013（10）：97-99．

[21] 夏俊萍．浅析大学英语教学中学生修辞鉴赏能力的培养 [J]．吉林工程技术师范学院学报，2014（10）：68-70．

[22] 张红．浅谈英语教学中常见的修辞 [J]．教师，2015（11）：47-48．